国家民委"十三五"时期全国少数民族古籍重点出版项目

湖南省少数民族古籍整理研究中心规划

GUZHANG TIAOMA

湘西土家族苗族自治州民族古籍丛书

湘西土家族苗族自治州民族宗教事务局　组编

李志平　主编

古丈跳马

伍秉纯　瞿家旺　编著

湖南大学出版社·长沙

图书在版编目（CIP）数据

古丈跳马/伍秉纯，瞿家旺编著 . —长沙：湖南大学出版社，2021. 12
ISBN 978-7-5667-2403-8

Ⅰ.①古… Ⅱ.①伍… ②瞿… Ⅲ.①土家族—民族节日假—古丈县
Ⅳ.①K892. 29

中国版本图书馆 CIP 数据核字（2021）第 264745 号

古丈跳马
GUZHANG TIAOMA

编 著：伍秉纯 瞿家旺	
责任编辑：刘 锋 韩文喜	
印 装：长沙超峰印刷有限公司	
开 本：710 mm×1000 mm 1/16	印 张：13.25 字 数：200 千字
版 次：2021 年 12 月第 1 版	印 次：2021 年 12 月第 1 次印刷
书 号：ISBN 978-7-5667-2403-8	
定 价：65. 00 元	

出 版 人：李文邦
出版发行：湖南大学出版社
社 址：湖南·长沙·岳麓山 邮 编：410082
电 话：0731-88822559(营销部),88821343(编辑室),88821006(出版部)
传 真：0731-88822264(总编室)
网 址：http://www.hnupress.com
电子邮箱：presszhusy@ hnu. edu. cn

湖南省少数民族古籍编辑委员会

湘西土家族苗族自治州民族古籍丛书

编纂委员会

主　　任	李志平				
副 主 任	陈万永	李　芸	麻小慧	田　滔	龙清明
	田黎庆	杨良春	田仁利	熊前征	
编　　委	龙　杰	龙光华	龙杰初	龙银佑	朱永华	刘　琳
	刘伟高	李书栋	杨求发	吴富国	张叶军	张富春
	陈桂生	唐　旭	梁世红	彭延杰	简明山	瞿家旺

编纂成员

主　　编	李志平				
副 主 编	李　芸	龙清明			
编　　审	田仁利	胥岸英			
副 编 审	张叶军	麻美垠			
编纂人员	田仁利	田廷清	伍秉纯	向　上	刘　琳	李世选
	杨昌松	杨家旺	吴吉荣	吴新绿	张宗江	张宗南
	陈家驹	周　勤	周冬生	唐建福	麻美垠	彭　文
	彭英子	彭建彬	彭继勇	彭继德	简隆军	谭祖武
	瞿家旺					

《古丈跳马》编纂委员会

顾　　问	杨彦芳	邓晓东	樊忠清	曾传文	向加茂	黎新松
	宋祖林	张卫华	胡丕宇	向　上	郑良武	梁章兴

编纂领导小组

组　　长	粟长江					
副　组　长	瞿家旺	胡延慧				
成　　员	向德纯	尹雄刚	田　龙	邓小荣	张　勇	徐君文
	向廷沙	田开娥	汪建宏	张涵杰		
主　　编	伍秉纯					
副　主　编	瞿家旺					
编　　委	李琳筠	鲁德军	向光祥	鲁选金	向心善	鲁东建
摄　　影	向发旺	伍秉纯	徐　龙	张时红	石柯君	伍玉弦
	向光富	田志信	龙慧敏	董清周		

我与土家跳马（代序）

　　也许是苍天的巧妙安排，我这苗家后裔，偏偏与土家族民俗文化，特别是与土家跳马结下不解之缘。

　　20世纪80年代初，我在从事古丈县民间文学三套集成（民间故事集成、民间歌谣集成、民间谚语集成）普查编纂过程中，采录到土家族跳马的有关资料。据了解，古丈县古阳镇太坪村、宋家若村历史上曾长期流行跳马节庆活动。但普查时，这些村庄已经30多年都未举行了，村里会讲土家语的老人已不多，对跳马古俗知情者寥寥，此习俗已濒临失传的边缘。1986年，我高兴地发现湖南人民出版社新出版的石启贵著的《湘西苗族实地调查报告》一书中，有一段较详细的跳马介绍。我如饥似渴地反复阅读，并结合普查所搜集的资料，在《团结报》上发表了《跳马》一文。这是第一篇专门有关土家跳马的文章。我在文中引用了石启贵先生的一段文字："苗人跳马，亦为盛会之一。……此俗，惟古丈部分苗族有之。"

　　在该文发表之前，《团结报》的编辑来电问我，既然石启贵先生说跳马是苗族习俗，为什么又说是"土家跳马"？旁人也对我说，你原本就是苗族人，不如顺水推舟，定性为"苗族跳马"多好。我认为从事学术研究一定要忠于历史，忠于现实，不能为狭隘的民族主义思想所束缚。故向编辑说明，石启贵先生的著作原名为《湘西土著民族考察报告书》，因民国时期土家族还未确定为单一民族，故著作易名后将"湘西土著民族"统称为苗族。我的文章这才顺利见报。在编著《古丈县民间故事集成》一书时，我将土家族跳马舞的照片刊登在首页，并配上民谣："热溪土家有古根，不等三年装马灯，两个纱箩来做嘴，一床被单盖脚裙。"

1988年冬，湖南省和湘西土家族苗族自治州电视台的《湘西行》摄制组来古丈筹拍茶山、林海风情。我将本县奇特的土家跳马习俗说给他们听，引起了摄制组领导的极大兴趣，他们认为这是全国稀有的民族习俗，要抢救和恢复，并破例增拍《土家跳马》一集。1989年2月10日，中断40多年的土家跳马活动终于在这片土地上再次展演。拍摄当天，土号呜呜，马铃当当，杀声阵阵，战旗哗哗，12名剽悍的勇士骑着扎制的骏马，手舞篾刀，跃进马场。他们以粗犷的马步，多变的阵容，雄健的舞姿，展示了声势浩大的习武和战斗场面，似可依稀窥见土家先民迁徙和征战的情景；而妙趣横生的稀可乐表演，又以种种具像生动地再现了土家渔猎时期的古朴风貌。摄制组拍下的这些极其珍贵的镜头，先在中央电视台《神州风采》栏目中播出，继而又推向日本及东南亚。

1990年，湘西土家族苗族自治州文化旅游广电局下发搜集整理少数民族傩文化的通知，我将土家跳马作为独特的傩祀活动进行深层次的发掘、整理和研究，撰写了一万多字的论文，从民俗角度论述了跳马与土家族诸项祭祀的内在联系和渊源关系，以及与汉族、苗族风俗互相渗透、借鉴的过程。1991年10月20日，"中国少数民族傩戏国际学术讨论会"在州府吉首举行。古丈土家族跳马队不仅参加了"湘西傩文化展览"，还在默戎镇河滩上为出席会议的国内外200多名专家学者举行了精彩的田野表演，一时轰动全场。组委会特地给古丈跳马队赠送"乡情达四海，傩艺传五洲"的锦旗一面，以示纪念。会议期间，我上台宣读了自己所写的《土家族跳马与民俗》。此文后来经过修改，更名为《土家族"跳马"考察》发表在湖北民族学院《土家学刊》2000年第3期上。与此同时，我还在省内外各级报刊上发表文稿数十篇，大力宣传全国独一无二的土家族跳马节，弘扬土家族传统文化。

1995 年，土家跳马参加湖南省和湘西土家族苗族自治州电视台录制的由全国著名歌唱家胡松华主唱的《把丰收的喜悦跳出来》节目。1997年，土家跳马代表古丈县参加庆祝建州 40 周年文艺表演。2002 年，省电视台名嘴李兵带领《乡村发现》栏目组在热溪拍摄《发现古丈——跳马》，并在省内外电视台播放。

斗转星移，光阴荏苒。2005 年，非物质文化遗产保护工程在全国拉开帷幕。应县政府之聘，我成为古丈县非物质文化遗产保护专家委员会委员，从事非遗项目普查、搜集和申报工作。我协助县非遗办先后申报了"土家族跳马节"为州级非物质文化遗产项目，"古丈跳马节"为省级非物质文化遗产项目。同时，还申报了省级、州级代表性传承人各一名，并申报古丈县古阳镇为"土家族跳马艺术之乡"。2010 年 5 月，国家文化部批准设立"武陵山区（湘西）土家族苗族文化生态保护实验区"，并于2013 年 3 月 21 日批准了保护实验区总体规划。为此，我撰写了《"古丈跳马节"保护项目汇报》，使土家跳马纳入保护区建设规划之中。如今，古阳镇太坪村已获批成立"古丈县跳马协会"，积极维护原生态的文化活动空间，为古丈跳马民俗活动的保护和传承打下了坚实的基础。

老骥伏枥，志在千里。我常想，一定要趁自己还有能力的时候，将所掌握的有关土家跳马的文字资料和音像资料全面系统的梳理一下，将自己多年来对这一民俗活动的深层次研究思考整理出来，编印成册，为后世留下一份精神财富。机遇总是眷顾那些有心之人。2016 年 3 月，湘西土家族苗族自治州民宗局办公室下发《关于印发湘西州"十三五"民族古籍工作规划和民族古籍丛书编纂工作方案的通知》，将《古丈跳马》列入丛书编写规划。我原为古丈县少数民族古籍专干，又对跳马民俗有着浓厚兴趣和深入研究，便义不容辞地承担了《古丈跳马》一书的编纂任务。我不顾年迈多病，穿越高望界大山，前往向老官人祖籍地沅陵县莲花池，探访老官堂和向宗彦坟墓，以及降服神马的马草坪；泛舟波光粼粼的西水库区，寻觅鲁力嘎巴故乡石马潭，瞻仰屹立悬崖的石人石马；往返太坪村、宋家若村，与土老司（梯玛）及村民促膝谈心，实地察看许马、出马、跳马的地方。功夫不负有心人，20多万字的《古丈跳马》终于完成初稿，也了却了我将跳马民俗文化遗产资料留予后人的心愿。

在此，向关心和帮助我完成编纂工作的社会各界人士表示衷心感谢！

伍秉纯

2018 年 11 月

目　次

第 一 章

概

述

第一节　古丈县概况

古丈县位于湖南省西部，湘西土家族苗族自治州中部偏东，武陵山脉中段，是"老、少、边、穷"地区，为国家扶贫开发工作重点县。全县辖7个乡镇，103个行政村，18个社区居委会，面积1297平方千米。据湘西州第七次全人口普查数据，全县总人口108798人，其中土家族45797人，苗族49576人。

清光绪丁未年（1907）《古丈坪厅志》载："古丈坪之名，不知始于何代。译其命名之意，古则居今追昔之辞，丈则两军对敌之号，坪则王道平平，履道坦坦之谓也。"古丈境内山峰林立，沟壑纵横，最高峰高望界海拔1146.2米，最低处高峰镇陈家村花椒坪海拔147.3米。独特的区位优势及自然环境，历史上长期处于兵家必争之地，导致这里战火不断。2000多年前的春秋战国时期，这里就曾是刀光剑影的古战场了。1984年，在古丈河西白鹤湾发掘了上百座战国楚墓，随葬铜铁兵器之多，铸造工艺之精，规模之浩大，实属罕见，不难窥探当年战争之频繁。墓中还出土过肖形白虎铜印一枚，对研究先秦时期民族地区图腾信仰提供了珍贵的实物史料。这里还是1000多年前彭士愁与马希范溪州交战之地，两军在

图1-1　古丈县城

县内下溪州故城会溪坪歃血盟誓，立铜柱划疆，许下"誓山川兮告鬼神，保子孙兮千万春"之夙愿。这里更有明代天启年间所修建的御苗边墙（南方长城），逶迤蜿蜒，跨山过涧，浩浩荡荡向北，修至昔日同治府衙旦武营（别名喜鹊营）。频繁的战事导致这里的山民崇武善战，智勇过人，涌现了一大批谋臣良将，如甘肃提督杨占鳌、贵州提督马承宗、广东韶州总兵（加提督衔）任祖文等，都是其中佼佼者。

古丈县城虽小，却风景秀丽，物华天宝。烟波浩渺的栖凤湖，千姿百态的红石林，险象环生的坐龙峡，林海莽莽的高望界，鬼斧神工的天桥山，织女挥梭凿就的河蓬穿洞，还有明清古寨老司岩、岩排溪等，无不给人以"奇、险、幽、静、绝、秀"之美感，因而常年游人络绎不绝。古丈气候温和湿润，盛产毛尖茶，有"中国茶乡"之美称。古丈茶纳山水之灵气，集日月之精华，色香味俱佳。古丈种茶饮茶历史可以追溯至春秋战国时期，随着楚巴交往日渐频繁，巴蜀种茶制茶技艺和饮茶习俗传入古丈，古丈从此成为中国茶文化传播的重要之地。至唐代，古丈茶成为朝廷贡品。发展至今，古丈茶多次荣获国内国际大奖，古丈有"中国茶文化之乡""中国十大魅力茶乡"之殊荣。

古丈钟灵毓秀，人才辈出。20世纪50年代，苗家黛凤龙采莲，将苗族鼓舞带到东欧，在华沙世界青年联欢节上惊艳亮相，享誉海外。20世

图 1-2 古丈山水

纪60年代，古丈苗族歌唱家何纪光，登台演唱的湘韵浓郁的高腔山歌《挑担茶叶上北京》《洞庭渔米乡》，被誉为歌坛一绝。20世纪90年代，古丈苗族女歌手宋祖英，一曲《小背篓》在全国春节联欢晚会上崭露头角，令世人惊叹，继而唱出国门，放歌世界音乐圣殿维也纳金色大厅，圆了一个苗家女歌唱家的音乐之梦。

一滴露水润一棵草，一方山水养一方人。古丈是多民族聚居地区。据清光绪《古丈坪厅志》记载，厅内分布有汉（汉族）、土（土家族）、客（佤乡人）、章（仡佬苗、熟苗）、苗（生苗）五大族群，流行六种语言。各族人民姻亲婆嫁，和睦相处，亲如一家。在漫长的社会生产实践过程中，古丈各族人民逐渐形成了富有本地区特色的文化观念和处世哲学，以及丰富的民族节庆、民族语言、民族服饰、民族饮食等。古丈土家族有社巴节（舍巴日）、跳马节，苗族有赶秋节、七月七走穿洞、三月三歌会，汉族有五月二十八迎城隍、酉水赛龙舟等节日。每当节日来临，贤达荟萃，男歌女唱，为节日平添几多欢乐，几多情趣。彼时，苗族鼓舞、团圆鼓舞、桐子舞、玩龙舞狮，土家族社巴舞、社巴歌、毛古斯、厄巴舞、跳马舞，以及传统阳戏、高腔等纷纷登台亮相，热闹非凡。

土家族跳马节，堪称全国独一无二的节庆活动。它是以土家族传统的调年舞、跳马舞、操旗舞为主要表演艺术，融合苗族的狮舞、捞虾舞、武术，以及汉族的舞龙等艺术形式，交织成一幅绚丽多彩的民族艺术画卷，体现了各民族文化交流互鉴、交相辉映的动人盛况。

第二节　跳马概述

一、古丈跳马节简介

古丈跳马节历史悠久，源远流长，举办时间为农历春节后第一个马（午）日，属全族连寨节日性的酬神歌舞盛会，流行于湘西州古丈县土家族、苗族居住地，以古阳镇太坪村和宋家若村为重点流布区域。跳马古俗源自明朝初年，是土家族人民为了彰显力量，凝聚人心，同时敬祖酬神，祈望年丰而举办的，一直流传至今。

跳马节所祭祀神祇为土地神。跳马活动包括许马、扎马、跳马三个阶段。据史料记载："扎马数匹，全身糊以黑白黄纸，外加粉饰，如马一般。马腰间特用竹块扎两个孔，以便人穿入孔内，表示形同骑马状态。赛跑时，无异马跳之姿势。"传统跳马节历时三天三夜，包含贺马、梯玛酬神祭祀、抬老爷、操旗、调年、稀可乐、出马、跳马、烧马、审老爷、烧老爷等特色鲜明的民间祭祀与传统技艺表演。当雄鸡啼鸣、马蹄炮三响时，预示马日来临，各路旗手引着马队向土地坪进发。12 名骑士驾着各自"战马"，以跳代跑，威风凛凛地跃进跳马场。马铃叮当，鞭炮震天，鼓锣齐鸣，地动天惊。剽悍的骑士大显身手，挥舞篾刀，角逐胜负。他们以粗犷的马步，多变的阵式，优美的造型，雄健的舞姿，赢得观众热烈的掌声。事毕，主宾相约，吹乐跳舞，随人所好，尽兴娱乐，直至天明。

跳马集歌舞技艺于一炉，再现了土家先民生活、劳动、战斗、祭祀、娱乐场面，对研究土家族、苗族的迁徙、习俗和民族文化均有较高的价值。1989 年，中央电视台在《神州风采》栏目中播放了"土家跳马节"盛况。1991 年 10 月，"中国少数民族傩戏国际学术讨论会"与会的 200 多名国内外专家学者，在古丈县默戎镇观看了古丈代表队的跳马田野表演，并赠送"乡情达四海，傩艺传五洲"的锦旗一面。2009 年，《古丈跳马节》被列为湖南省第二批省级非物质文化遗产名录，古阳镇被湘西州政府授予"跳马艺术之乡"称号。

二、首次恢复土家跳马节纪实

1988 年冬，湖南省、湘西土家族苗族自治州电视台的《湘西行》摄制组风尘仆仆赶来古丈，拟拍茶山、林海风情。入夜，围着炭火，笔者给他们闲扯古丈轶闻典故。当笔者谈到古丈土家族跳马傩祀活动时，摄制组组长刘学稼双眼一亮，惊讶地说："跳马怎么个跳法？像不像草原赛马、

图1-3　跳马队田野表演

四川的跑马？"这位走南闯北的省电视台专题部主任，像发现新大陆似的，忙扯出采访本。

"跳马是我们早些年搜集民间文学资料时发现的。其实，湘西著名学者石启贵先生早在1940年所著的《湘西土著民族考察报告书》中就有记载。"笔者翻开随身携带的有关资料，一字一句地读着，"扎马数匹，全身糊以黑白黄纸，外加粉饰，如马一般。马腰间特用竹块扎两个孔，以便人穿入孔内，形同骑马状态。赛跑时，无异马跳之姿势。"

刘主任认认真真地听着，记着，脱口而出："那莫非与北方跑驴差不多？"

"真抱歉，刘主任，我根本没看见过跳马，在此不过纸上谈兵罢了。就连那位石启贵先生，也未目睹，只是道听途说罢了。据我们调查，抗战胜利后的1946年和1948年，这里曾举行过最后两次跳马活动。"刘主任听罢当场宣布，将原拟在古丈拍摄的工作搁下，去实地调查土家跳马。

第二天，笔者一行驱车来到古阳河源头热溪村。这是个秀丽的山庄。精神矍铄的老村长将大家接进火塘，伴着袅袅腾升的烟雾，跟大家讲起跳马古俗的由来。

《酉水号子》唱道："大茨滩，小茨滩，鲁王镇坐石马潭；人头矶，人头像，活神当年鲁大王。"说的是驻守酉水古渡石马潭的土家勇士鲁力嘎巴（鲁王）的故事。当年鲁王兵败，逃到瞿滩头。在重重包围之中，鲁王走到河边，照着映在水中的面容，在光滑的石壁上用指甲抠了个头戴乌纱的人头像，以示与朝廷誓不两立，随后毅然投江自尽。此地故名人头矶。酉水怀抱鲁王遗体流经石马潭，山腰石马悲鸣，多情的酉水将鲁王托起，抛向半空，让其端端正正地骑坐在石马背上。如今，悬崖上石人石马犹存。鲁王的三个儿子逃到罗依溪旁的打烂坳。分手时将一三脚铁撑架掰断，各拿一只脚作为日后相认的凭证。土家人不许踩三脚撑架的习俗源于此，打烂坳亦据此获名。

话说大哥沿古阳河来到热溪住下，披荆斩棘，生息繁衍。由于土家人势单力薄，经常遭受官匪欺压。一个大雾弥漫的清晨，村寨青壮一齐出动，杀向敌营。敌人惊恐万状，朦胧中见来的尽是些骑着高头大马的壮汉，刀光剑影，声势震天，吓得魂飞魄散，不战而溃。从此，山寨安宁，六畜兴旺。土家人认为这是土地神在暗中保佑村民，于是举行酬神祭祀活动，祈望年丰，并以跳马显示力量，以歌舞娱神娱人，世代相传至今。

村长讲罢跳马渊源后，不无遗憾地叹道："40 年啦！40 年前我们还在神前许过马呀。"

"村长，那时你看到过跳马没有？"笔者问。

"岂止看，还参加演！那年我才十一二岁，扮一名抬老爷的小鬼。这跳马的程序可多哩，要经过二月许马，腊月扎马，正月选日。跳马选在正月第一个马日。马日前三夜，还要进行操旗、调年、稀可乐、贺马等活动。雄鸡高叫，宣告马日来临，跳马才正式开始，又是请神、出马、跳马、烧马，又是抬老爷、审老爷、烧老爷，实在热闹。"

刘主任的胃口一下子被调得老高。他倏地站起来，大声道："前年我拍了《辰州龙舟赛》，还没过瘾，今年我要拍"土家跳马节"，还土家人40 年前许下的心愿。"经商定，在村里组织人马，举办一次跳马活动，将原本需要三个晚上表演的节目压缩到一个晚上进行。

1989 年 2 月 20 日（元宵节），下午 4 时，三连炮骤响。山头旌旗猎猎，人吼马嘶，锣鼓喧天，土号齐鸣，震山撼谷。200 多人组成的跳马队在 4 名祭司带领下，浩浩荡荡地下了山，向河滩奔来。前来贺马的客家四条龙灯和苗家一对狮子在山脚恭候。那一根根竹竿绞着的长串鞭炮一个劲响着，浓烟滚滚，如云似雾，把人们带到了飘然若仙的境界中。

图 1-4　土号悠悠

村长头戴嵌珠镶玉的凤冠，身穿五彩缤纷的八幅罗裙，扮成掌坛梯玛，骑在一匹高头大马之上，手舞司刀，无比威严。后面紧跟的是旗队、跳马队。队伍中出现一乘敞篷竹轿，上面坐着个真人一般大小的老爷，由 4 名扮作小鬼的村民抬着，在万民伞护卫下鱼贯而入，好不气派。最引人注目的是那 12 匹骏马。它们都是当地村民亲手扎制的道具：纱篓作马头，挑篮作马身，枇杷叶作马耳，棕叶作马尾，被单作马皮，稍加彩画，如真马一般。12 名剽悍的土家勇士骑着"战马"，手举篾刀，扬鞭催马，威风凛凛，俨若鲁王再现。每匹马前有一名旗手，高擎战旗开道；每匹马后有一赶马者，头戴草帽，一手握篾刀，一手持棕扇（象征盾牌）。河滩上鼓号鸣鸣，马铃当当，杀声阵阵，旌旗猎猎，依稀窥见土家先民迁徙和征战的场景。队伍接着来到跳马坪，由梯玛主持祭祀仪式。礼毕，进行操旗、

图 1-5　梯玛雄姿

调年、稀可乐表演。旗帜有龙旗、凤旗、蜈蚣旗、月亮旗、朝代旗等 20 多面。所谓操旗，就是旗手在锣鼓点子指挥下，进行队列操练。队形变化多端，旗手步伐稳健，彩旗曼舞，令人眼花缭乱。操旗后开始调年跳社巴舞，男男女女围着一面大圆鼓，踢踏摆手，翩跹进退，旋转扭腰，互表爱慕之情，展现了土家人对美好生活的热爱。

天渐渐黑了，篝火四起，灯笼火把齐明。一群山鬼子扮着各式各样的角色，从四面八方呐喊着涌进跳马坪，进行稀可乐表演。

"稀可乐是啥意思？"刘主任把摄像机交给助手，问道。

"稀可乐是古土家语译音，意即'相约玩乐热闹'，是原始的民间技艺大杂烩，表明山鬼子也赶来参加跳马盛会。"笔者答道。

"莫非与屈原笔下的山鬼有着种种联系？"刘主任沉思道。

山鬼子们来至跳马坪，各居一隅，分头表演，配合默契。有倒披蓑衣用勾勾槌表演打粑粑的，有两人扮牛、一人驾犁表演春耕图的，有谈情说爱唱山歌吹木叶的，更有打九子鞭、打莲花闹、算命、打卦、送春、玩鸟、钓鱼、捞虾、扎篾的，等等。总之，百事皆有。从未见过如此古朴原始的艺术，从未见过如此齐头并进的表演。摄制组两架录像机忙得不可开交。

看，那钓鱼的向人群频频抛饵，猛然一把抓住一个年轻的妹子，声称钓到了条大鲤鱼。妹子并不生气，惹得众人捧腹大笑。那装扮捞虾的苗女，手拿三角捞兜，穿行人缝中手舞足蹈地表演捞虾、提兜、捧虾、装篓等动作，逗趣要笑，有的后生家不知不觉竟成了她网中俘物。

刘主任接过录像机，吩咐道："快把刚才这个精彩场面重演一次。"

话刚出口，那边粑粑不知什么时候已打成，簸箕中魔术般现出圆圆的粑粑，高高抛向围观的群众。大家纷纷抢接粑粑，嬉笑声、打闹声响成一片。刘主任就是有三头六臂，也会顾此失彼。

稀可乐舞带有浓郁的生活气息和地方特色，反映了湘西土家族、苗族人民纯朴、开朗、幽默的性格，生动展现了土家先民从渔猎向农耕转变时期的原始风貌。稀可乐舞表演刚结束，全副武装的马队、旗队在河对岸列成军阵，跃跃欲试。河滩上插着两路点燃的大股油香，为马铺道。铁炮又响了！锣鼓又敲了！爆竹又燃了！各路旗手引着马队，以跳代跑，浩浩荡荡向跳马坪冲来。原计划是跨木桥入场，但骁勇的骑士来势凶猛，所向披靡，不知谁带了个头，一个个跃入刺骨的冷水中，杀气腾腾，浪花四溅。这突如其来的架势弄得刘主任慌了手脚，不顾一切地跳进河水中，以很低的机位视角，仰拍下不可多得的战马强渡的逆光镜头。

马队来到跳马坪进行跳马表演，抬老爷的四周打旋观看。在锣鼓点子的指挥下，骑士大显身手，以粗犷的马步，雄健的舞姿，淋漓尽致地表现了紧张的操练环节和激烈的战斗场面。只见骑士们时而马场闲步，时而互相嬉戏，时而冲锋陷阵，时而跳跃奔腾，显示出土家人抗倭保疆、所向无敌的英雄气概，赢得观众阵阵掌声，将节日气氛推向高潮。尽兴表演完毕，人们聚集在土地庙前，梯玛焚香念《送马经》，将马堆在一起烧掉，送马上天，如数献给土地神。

一波未平，一波再起，马场一角审老爷又开始了。两名梯玛分别扮审判官和老爷，一个问一个答。

"牛吃麦子，马吃荞，你管是不管？"

"这些区区小事本老爷就是不管！"

"你这也不管，那也不管！……"

于是，众人大怒。在一片喊打声中，将纸扎的糊涂官、瘟神扔进熊熊烈火中焚毁成灰。

刘主任端着摄像机，无比激动地说："内惩贪官，外御强敌，正是一个民族、一个国家兴旺发达的奥秘所在。农民反衙门，惩贪官，疾恶如仇，太有特色，太有教育意义了！"

土家族是个能歌善舞的民族，他们把千百年来积淀形成的文化，有机地融会到古朴原始的跳马祀俗中。透过内容丰富、形式多样、雅俗共赏的跳马傩祀表演，你会发现，这原始、拙朴甚至野蛮的表象内蕴含着大量土家历史文化遗产，这些文化遗产颇具地方特色，是民族文化的瑰宝。

三、中国少数民族傩戏国际学术讨论会跳马活动纪实

1991年10月20日至26日，中国少数民族傩戏国际学术研讨会在吉首举行。参加讨论会的专家学者与有关代表，除了我国的外，还有来自美国、日本、德国、尼日利亚、韩国的，共200多人。这次会议主要是研讨中国少数民族傩戏，特别是土家族、苗族、侗族、瑶族的傩文化历史渊源、原始形态和艺术特征等。少数民族傩戏、傩文化具有人类学、文化学、民俗学、艺术学、宗教学以及戏剧发生学等方面的研究价值，可为民族学、文化学研究提供丰富的、最原始状态的资料。在此次会议召开期间，古丈代表队表演了跳马。古朴隆重的土家跳马傩祀深深吸引了前来参会的专家学者，大家都被这神秘古朴、壮观剽悍的民俗表演所震撼。

以下为此次学术讨论会期间古丈跳马队在古丈县龙鼻咀表演的土家族跳马活动的现场记录：

"——啊——啊"

"——啊——啊"

土老司用苍茫邈远的颤声咏唱，将人们带到悠悠亘古的年代……

在古丈县龙鼻咀那清亮小河绕出来的一弯沙滩上，铳声、鼓声、木叶和唢呐声一齐回荡在青翠的山谷间。沙滩上人头攒动，古丈跳马舞队跳着

粗犷的祭祀舞蹈，涌进表演场地，引起全场阵阵喝彩。

跳马傩祀分请神、稀可乐、操旗、跳马和审老爷四节。扬鞭跃马的舞队在手持香火的土老司引导下，高唱傩歌，通告神祇，冲傩还愿，消灾纳吉。接着跳起欢快的稀可乐舞，抒发土家人丰收后的喜悦心情。欢乐的舞队里出现了钓鱼、捞虾、谈情说爱、打糍粑和送春的生活场景。随着糍粑高高地抛向兴奋的群众，傩祀达到了高潮。接着便是操旗跳马队表演。它讲述了土家人在马日鸡叫的时候，高擎缤纷的旗帜，将马献给土地神的故事。那马并非真马，是由竹篾、纺纱摇篓和枇杷叶扎制而成的。中间空着站人，俨然骑马状，惟妙惟肖。审老爷是土家跳马傩祀最后一幕，人们点燃一堆篝火，然后将马和老爷像等道具扔进火里。这时，跳马的人仿佛达到了迷狂的状态，围着篝火边舞边拜，把人们带入一个肃穆崇高而又神秘的境界。

土家跳马傩祀引起了与会学者专家们极大的兴趣。中国少数民族戏剧学会会长李超说："值得珍惜、值得开发、值得改进。"在国际傩戏研讨会的讲台上，古丈县代表宣读了论文《土家族跳马与民俗》，从土家酬神盛典跳马介绍入手，分析了跳马与还傩愿、社巴日、梯玛跳神、毛古斯等

图 1-6 "傩艺传五洲"锦旗

土家习俗的内在联系与渊源关系，揭示了跳马同其他民族风俗互相借鉴、渗透和融合过程，阐述了土家跳马活动顽强地保留着屈原《九歌》的本来面目及它们之间的内在关系。中国少数民族傩戏学术讨论会组委会特赠给古丈县一面锦旗，上书 10 个大字："乡情达四海，傩艺传五洲。"

四、2016 年古丈跳马节原生态表演纪实

2016 年 11 月 8 日，由古丈县人民政府、湘西土家族苗族自治州文化旅游广电局主办，古丈县古阳镇政府、古丈县民宗旅文广新局承办的跳马节原生态表演活动在古丈县罗依溪栖凤湖码头举行，古阳镇太坪村跳马队、断龙山镇田家洞社巴舞队等 7 支队伍参演。表演过程简记如下。

中午 12 时，全体表演人员在罗依溪镇政府集合，向码头方向进发。游行队伍先后次序为：旗队、号鼓队、梯玛队、跳马队、社巴舞队、三棒鼓等表演队和龙灯队。一路上，彩旗招展，锣鼓喧天，鞭炮齐鸣，载歌载舞，展现一幅民族大团结的美好画卷。此次跳马表演共分九场。

表演前朗诵词：

蓝天为幕，青山为屏，碧水为景，古丈县各族人民汇集波光潋滟的栖凤湖畔，共度民族传统节日古丈跳马节。古丈跳马节是土家族连寨节日性的酬神歌舞盛会，并邀请苗族、汉族人民共同参加，祈求风调雨顺，国泰民安。跳马内容丰富多彩，有虔诚的许马和酬神祭典表演，有自娱自乐的调年、稀可乐表演，有热烈奔放的操旗、跳马表演，更有意味深长的贺马、审老爷、烧老爷、烧马表演。这是一台结构严谨的喜剧，也是一场民族艺术的盛宴，体现了古丈各族人民对天地自然的敬重，对美好生活的向往，同时也昭示人们，为保卫和平幸福的生活，必须加强骑马操练。

第一场：贺马。

朗诵词：闻听土家山寨举行跳马，附近各族人民纷纷组织龙灯、玩狮子等文艺队伍，前来贺马，进行精彩的舞龙表演。（三支龙灯队上场表演）

第二场：祭祀。

朗诵词：土家族对天地无限崇拜。他们面对湖水山岳，祭祀山神土地，祈求风调雨顺，六畜兴旺，国泰民安。（梯玛队举行祭仪表演）

第三场：操旗。

朗诵词：各路旗手，高擎龙凤旗、彩旗、蜈蚣旗等，在鼓点的指挥下，列队操练。整齐的队形，招展的彩旗，多变的步伐，令人眼花缭乱。（表演操旗舞）

第四场：调年。

朗诵词：土家人是个能歌善舞的民族。所谓调年，就是跳土家人喜闻乐见的社巴舞。踢踏摆手，蹁跹进退，旋转扭腰，刚健有力，乡风浓郁，表达了土家人团结和睦的民族情愫和对美好生活的热烈向往。（社巴舞表演）

第五场：稀可乐。

朗诵词：稀可乐，译成汉语为"大家邀约玩乐热闹"之意，即民间技艺大汇串。一群"山鬼"扮成各样角色，从四方呐喊涌来，分头表演，配合默契。有赶牛耕田、钓鱼捞虾的，有打三棒鼓、打九子鞭的，亦有唱歌、吹木叶的，更有蒸糯米打粑粑的，真是可喜可乐也。（稀可乐表演者各居一隅，同时进行表演）

第六场：厄巴舞。

朗诵词：古代蛮荒时期，土家人戴上面具，模仿猴子动作，群体起舞蹈，展现猴子捞月、猴儿跳圈等舞姿，表达对生命繁衍的渴望。（表演厄巴舞）

第七场：跳马。

朗诵词：压轴戏还在后头。雄鸡啼鸣，预示马日来临。铁炮三响，全副武装的跳马队在场外列成军阵，跃跃欲试。篝火熊熊燃烧，熠熠生辉。在锣鼓鞭炮声中，各路旗手引领马队，浩浩荡荡向场内冲来，杀气腾腾，威风凛凛，骑士们大显身手，以粗犷的马步，矫健的舞姿，多变的阵式，表现激烈的战斗场面，显示土家人抗倭保疆的英雄气概，将活动推向高潮。（跳马舞表演，抬老爷队在四周观看，龙灯队在两边助威）

图 1-7 做粑粑

第八场：审老爷、烧老爷。

朗诵词：老爷本为父母官，为民作主，理应受到人们的敬仰。然而一旦发现他是一个糊涂贪官，人们会将他一把火焚毁成灰。外御强敌，内惩贪官，不正是一个国家一个民族兴旺发达的奥秘所在吗?! （审老爷、烧老爷表演）

第九场：烧马。

朗诵词：梯玛念《送马经》，人们将马骨架抬来烧掉，如数献给山神土地。（烧马表演，鼓锣四起，土号长鸣，鞭炮连天。在一片欢呼声中，节目落下帷幕）

第三节　跳马相关资料

一、《湘西苗族实地调查报告》中关于跳马记载

跳　马

苗人跳马，亦为盛会之一。因耗费甚巨，故并非每年举行。此俗，惟古丈县部分苗族有之。此区部分苗人与汉人同化，已不说及苗语矣。男女装饰及习俗亦与汉人同。所异者，尚跳马之敬神也。如地方突起人畜瘟疫，虫蝗旱灾，其他禳解无效时，方叩许此之神，不能即时酬还，必待岁丰之年，始酬祭之。照例择日，以农历正月起算，至十八日止，看何日逢马日，便是祭日。举行跳马，行期三天，亦有节省开支定为一天者。寨民公众出款致祭之。并非某村一家自为也。未到期前，先向各方亲友报客，届期前来参加祭典。来贺客人，要放鞭炮，抬粑粑、糖糁等作为礼品赠送给主人。舅姑姻亲，踊跃来贺，各往各的亲戚家。并扎马数匹，全身糊以黑白黄纸，外加粉饰，如马一般。马腰间，特用竹块扎两个孔，以便人穿入孔内，表示形同骑马状态。赛跑时，无异马跳之姿势。扎马，至少要扎五匹，多则七八匹，喜热闹者随人做之。以桌一张，摆于跳马宽坪中为神坛，桌上摆些酒樽肉献。马场满插五彩旗帜，星罗棋布，井井有条。燃烛烧香，觋师念咒。杀大肥猪一只以祭之。先交牲而后上熟。祭仪完毕，方许跳马。跳马时，先由主人，次及来宾，最后宾主互相比赛。一班强壮青年，喜爱参加，以角胜负。凡愿参加者均受欢迎，并放鞭炮奖励胜者。此种跳马举行，无异今日之学校开运动会。远近村人，踊跃前来观者不少。亦有玩狮子、龙灯者，有耍拳棍刀铜者。鼓乐齐奏，动地惊天，欢庆一堂，尽兴表演。跳马完毕，留客夜宿，餐后晚间主宾相约，男女歌唱，一唱十和，比赛优劣，一般旁听者，赞声助兴。甚有歌师，男与男唱，女与

女唱，大展本能，各显神通。不会歌者，吹乐器，跳鼓舞，随人所好，尽情娱乐也。

查此苗人，同化汉族，已百余年。家庭组织，不复具有辨别之点，八九十岁老人，能讲古苗语单词，但会话不全。而六七十岁之人，苗语完全不知，其语言已无从调查。此地苗民，虽有跳马之俗，然数十年来，未闻跳马之举。编者考察所得，姑且记之，备为后人参考。

按：选自《湘西苗族实地调查报告》，作者石启贵（1896—1959），湖南人民出版社 1986 年 12 月。石启贵为苗族著名学者，曾与我国著名的民族学家凌纯声共同调查研究湘西苗族。本书原作于 1940 年，原名为《湘西土著民族考察报告书》（初稿）。民国时期，土家族未被承认为单一民族，故将湘西土著民族统称苗族。

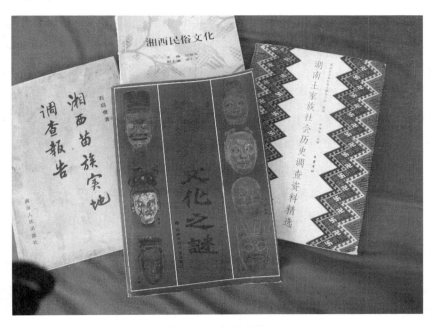

图 1-8　参考书籍

二、《湘西土家族访问团古丈分团访问工作报告》中相关记载

太坪、宋家若等地的土家族，有造旗舞、调年舞、跳马等不同的艺术

形式。造旗舞意思是请菩萨。投四根大旗六根正旗（均系红色），大旗插在地下不动，六个人拿六根正旗，其余的人都打小旗。造旗以后就跳调年舞，一个男的和一个女的都穿华丽鲜艳的服装，围绕着跳舞，分大步、小步、扯脚、摆手等不同姿势，舞完唱情歌。

跳马的举行一般在正月里属马的日子。首先用纱篾作成马头，枇杷叶作马耳等，然后两人穿上马的服饰，跳马舞时一人骑马一人牵马。马舞的前面有一对拿大刀和小旗的人，后面有一顶轿子，里面坐着判官老爷，舞完后就向老爷发问："瘟疫瘟气走了没有？虫旱收走了没有？五谷丰收不丰收？"说："收走了。"判官最后故意答错，众人上去把判官杀倒，就算完事。

以上舞蹈形式，解放前最热闹，多到正月，到处的都来，那时每家都客多，谁家的客多谁家就光荣，每家过年时都要把腊肉、粑粑留着，以便招待客人，但客人来玩时也要带些礼物来。这种舞蹈形式除娱乐以外，还有敬神的意思。

另外还有打三棒鼓、挖土歌、唱孝歌、玩花灯等多种活动。

按：选自《湖南土家族社会历史调查资料精选》，彭继宽（1936—2015）编选，岳麓书社2002年9月版。在《湘西土家族访问团古丈分团访问工作报告》一节中，遗失一半多资料。伍秉纯多方查找，终于发现油印件原文，将原件整理后登载在《土家族研究》2015年第2期上，题目原文为《湖南省湘西土家族访问团古丈分团工作情况报告》，补齐遗失部分，约4万字。原报告写于1957年。

报告中喜灯（又名喜克罗），即跳马中稀可乐表演，为我们展现了渔、樵、耕、盲四种表演角色。"渔"即打鱼、捞虾，"樵"即上山砍柴，"耕"即驾牛耕田闹春，"盲"即算命先生算命、打卦。

三、《湘西州土家族辞典》中"五马灯舞"记述

土家族民间习俗舞蹈，主要流传于永顺县与桑植县接壤的土家族地区，因主要道具为五匹竹扎纸糊的马而得名。马身用竹篾扎成，糊纸，涂

以彩画。脚蹄俱全，缰辔皆备，鞍鞯精致。马头活动自如，颈脖挂铜铃，腰腹部中空，腹下用布遮拦，舞者站立其中，如骑士。舞蹈通常在春节期间的迎春祈福活动中进行，届时，五人骑马走乡串户，在爆竹和锣鼓声中起舞，为乡亲们祈福迎春。到达表演场地，五马并鞍而出，时而遛马，时而策马奔腾，马颈上的铜铃叮当作

图 1-9 土家辞典等书籍

响，好一派新春气象。解放后，五马灯的表演形式与内容有所创新，甚至还将剧目《走马荐诸葛》《五马破曹》等内容融入表演之中。

四、《湘西文化大辞典》中"跳马舞"

跳马舞，湘西民间祭祀舞蹈。村民将马头马尾系在身子前后作骑马状所跳的舞，故得此名。一般在正月里第二个马日举办。目前保留在古丈热溪镇和沅陵县山青水莲花池等地。

按："古丈县热溪镇"为"古丈县热溪村"，今改为太坪村，属古丈县古阳镇管辖。"沅陵县山青水莲花池"应为"沅陵县清水坪乡莲花池村"。我们去过莲花池村，当地人未听过"跳马舞"，只有向老官人降马的故事和正在修复的向老官人墓及故居。

图 1-10 跳马舞

五、北方跑驴的记述

跑驴，中国民间舞蹈。流传于河北、陕西、湖北、山东等省。以河北

昌黎、卢龙、滦县一带最为著称，多在春节或赶庙会时随秧歌队表演，相传已有200多年的历史。跑驴中的驴形道具用竹、纸、布扎成前后两截，外面用布围住。表演者多扮成农村少妇，把驴形道具系在腰间，上身作骑驴状，以腰为中心，左右小晃身；下身用颤抖的小步蹭动，模拟跑驴的颠、跳、踢、惊、犟等动作和神态。表演者上下身动作的强弱、大小、高低要相呼应，并与另一扮演赶驴的人相配合。跑驴一般都是表现一对农村新婚夫妻在回娘家的路上，过沟、爬坡、驴受惊等过程，有说有唱有舞，诙谐风趣。跑驴主要伴奏乐器有唢呐、小鼓、大钹和小钹等，乐曲常选用冀东唢呐曲《满堂红》。

跑驴，骑驴者的角色舞蹈动作有平闪步、上山步、下山步、跑驴步、惊驴跳、大跑步、过河步等。赶驴人的动作有横扭步、小跑步、后踢步、踢驴步、抬驴步，赶驴、牵驴、坐驴、追驴等。伴奏有锣鼓段26小节和唢呐曲牌［一扇号］自由反复。艺人有孟占雄、张有万。

中华人民共和国成立后，跑驴被搬上舞台，1953年在首届全国民间舞蹈会演中获优秀奖，并在第四届世界青年学生和平与友谊联欢节上获二等奖。（资料来自百度网络）

按：跑驴是流行于中国北方地区的一种传统民间舞蹈，其表演形式是一人执驴形道具扮骑驴妇女，另一人扮赶驴人。北方跑驴与湘西古丈跳马有某些相似之处，都是一人骑驴或骑马，另有人在旁边赶驴或赶马。但这两种民俗活动源于不同地区和不同民族，是在不同的文化背景之下产生的，并非一回事。跑驴表演中骑者为女性，赶者为男性，多在春节或赶庙会时表演，表现一对农村新婚夫妻的生活场景，表演诙谐风趣，富有爱情趣味；而跳马活动的骑者为男性，赶马与引马也均为男性，三人一组，十几匹马浩浩荡荡，来回奔驰，进行演武操练，展示了驰骋疆场、勇武豪放的战斗场面。

第二章

跳马源流

　　湘西州委宣传部所编写的《湘西读本》一书中记载："湘西土家族人民心中，土司王依然是'彭公爵主、向老官人、田好汉'三人。后晋天福五年（940），彭士愁率领锦、奖、溪三州诸蛮进攻楚王马希范的领地，从而发生著名的溪州之战。尽管彭士愁战败，但与楚王订立的盟约却奠定了彭氏土司在溪州的统治地位，也为湘西八百年土司王朝的建立奠定了基础，同时为溪州地区的经济发展，人民的安居乐业创造了积极的条件。"此外，彭土司手下还有鲁力嘎巴和科洞毛人两位大将。今天我们谈土家族跳马的起源，还得从向老官人和鲁力嘎巴两人说起。

第一节　民族迁徙与英雄崇拜之说

一、向老官人向宗彦

　　土家族学者向官华在《向宗彦及溪州后裔与土司王朝传》一文中，对向老官人向宗彦有如下记述。

　　溪州彭氏土司王朝是历代朝廷羁縻的对象。其能够延续八百年之久，是早期地方民族自治的典范，是少数民族自治的历史奇迹。在历代改朝换代的巨变中，彭氏土司王朝能审时度势，反而获得了历代朝廷中央集权统治者更多的优惠条件和安抚政策，使土司王朝得到了稳定发展并创造了延续八百年的辉煌历史。作为奠定溪州土司王朝八百年基础，创造辉煌奇迹的土家族"三大主神"之一的向老官人向宗彦及他的溪州几十代后裔，几百年来竭力辅佐土司王朝，南征北战洒热血，而作出的巨大贡献世人却鲜为人知。

第一章　向宗彦规劝彭士愁审时度势与楚王议和，
歃血结盟共立铜柱，奠定土司八百年基础

　　后晋天福四年（939），溪州蛮首彭士愁集两州一万余人反抗楚王马

希范横征暴敛，拉开了溪州之战的大幕。晋王石敬唐命向宗彦辅佐楚王马希范征战彭士愁。经过一年多征讨，彭士愁战败，逃进深山。为保土司城小王朝不被毁于一旦，为免除土司城人民遭受灭顶之灾，彭士愁派其子彭师果议和。根据《老司城·向氏宗谱》和老司城彭氏历代相传的内容，在议和期间向宗彦与彭士愁以诚相待，结为好友。向宗彦规劝彭士愁要审时度势为溪州今后大业和疆界永固而作想。共商五件大事：其一，向宗彦愿代替溪州五大姓之一的向姓在铜柱上签名；其二，协助彭士愁做好吴著冲原老蛮首手下大将田尔庚的归顺工作，彭士愁当即封田尔庚为统兵大元帅；其三，请旨马希范要向宗彦代管辰州、沅陵、桃源、澧州等疆界，以便土司与楚国的沟通协调；其四，请旨马希范上奏朝廷允许彭氏世世代代承袭职位，并由中央册封；其五，要求享受高度自治权，楚国政府不收赋税，自主宗权地位，中央朝廷要册封彭士愁为靖边指挥使，享有独立司法权，楚国政府不干涉地方司法等。楚王马希范请旨朝廷同意以上条件，于后晋天福五年（940）十二月二十日立铜柱于会溪坪凤毛岭野鸡坨。从而结束了多年的民族之战，奠定了土司王朝八百年政治、军事、经济、文化快速发展的基础。向宗彦作出了巨大贡献，溪州土家人敬他为"向老官人"而世代祭拜。

图 2-1　向老官人墓修复庆典

图 2-2　向宗彦墓区石人石马石羊

第二章　向永基献良计拆会溪治所，福石宠兴土木修建灵溪新城

据《大湘西土司》一书记载和老司城彭氏、向氏祖辈历代口传，向

宗彦后裔向永基任土司总管多年。在宋绍兴五年（1135）初，第十世土司彭福石宠袭父职任溪州刺史期间，正值北宋末、南宋初的交替年间，金兵入侵，中原动荡。地方诸蛮战乱频繁，战火危及会溪坪治所安全。土司彭福石宠征求对策，总管向永基经深思后建议：（1）为了土司王朝基业和子孙后代，不能卷进地方各派纷争，而是要养精蓄锐，大力发展基业；（2）从地理条件讲，会溪坪距江边不远，时有水患威胁，地势平坦无险可守，易遭外敌入侵，战必败，基必毁；（3）建议以溪州原蛮王吴著冲盘踞的宫城为溪州中心治所，因为该城在灵溪河畔半坡 500 米之处，无水患之忧，且四面山脊，重叠陡峭，可以以山为障，以水为池，外敌不易进入，是天然屏障，易守难攻；（4）该宫城边有福禄寿三星山庇护，可稳坐基业，还有太平山保障太平，更何况四周群峰呈万马归朝之势，蕴含着万山归顺之尊，万马朝拜之荣，土司王朝基业必兴盛永久。彭福石宠听后大喜，即命总管向永基拆除会溪坪治所，建修灵溪河宫城。向永基调大批工匠精心修造宫城的街道、商铺、住所、衙署、宫殿等设施。1135 年冬完工后，会溪坪治所除少数人留守外，2000 户人口都搬迁到灵溪新城。总管向永基这一决策性的建议，使土司王朝远离战火，稳定发展。新城开始繁荣兴旺起来，真正地成为溪州地区政治、军事、经济、文化中心，翻开了土司王朝历史发展新的一页。

向宗彦（892—944），家住沅陵莲花池，此地位于溪州东南约 30 千米，系沅陵、常德、湘西及贵州一些地区的向氏家族发源地。莲花池分上、中、下三个村落，现有 900 余人口，这里保存着大量文物遗迹与农耕文明。向宗彦的功绩可用"彭马征战和为贵，楚蜀通津展雄风"来概括。

近期沅陵县文物部门在莲花池发现了一处民居建筑群，共 20 余栋，占地 1800 平方米，残存的老官堂（向宗彦祖屋）门楣和厅堂梁架精雕大量莲花造型，做工考究，装饰豪华。2018 年春夏，笔者驱车经古丈高峰镇进入莲花池，受到该地向氏族人的热情款待，并参观了老官堂和向宗彦坟墓。向宗彦是从江西迁至该地的，为向氏第一代族人。老官堂大门镌刻一副对联："后晋统率千军万马平州乱，莲花官人二酉五溪治蛮荒。"向宗彦葬于莲花池上游不远的血水潭黑慕岗。我们在现场看到，坟墓旧貌已毁，正在重建，尚存有石虎、石马、石羊、石人等大型雕像及石碑。

沅陵县二酉乡莲花池村与古丈县高峰镇毗邻，同烧一山柴，共饮一江水。我们暂时撇开官方的记载，听听有关向老官人的传说故事，了解一下人们心中的向老官人。下面是 20 世纪 60 年代，古丈县文化馆馆长伍永隆和山枣乡小学教师张显志搜集整理的《向老官人的传说》的摘录。

很久很久以前，在泸溪、沅陵、古丈交界处，有一块大草坪（现叫马草坪），来了一匹黑马，饿了，就在草坪上吃草，渴了，就到十里外黑马潭喝水。它能吞云吐雾，来去自如。它恐吓人畜，附近村寨不敢到那里放牧。行人往来，也结伴相邀，要凑满三十人才敢从这里过，此处故名三十坳。官府勒令附近村寨的猎户在三个月内捕捉到它，如果抓不到，就要拿人问罪。

竹山寨有个老猎户，名叫张大成，是远近闻名的猎手，众猎户推他为头，一同前往捕捉黑马。大家用了很多办法都没有擒到它，猎户们你看我，我看你，干着急。转眼已过了两月，张猎户说："谁能降服黑马，愿将女儿相许。"第二天，就请人写了一张降马招婿榜贴在他的家门口。这张猎户只有个独生女儿，名叫雅索。她弄刀使叉，射箭骑马，捕走兽，射飞禽，十拿九稳。附近青年猎手看了榜示，都想来揭榜。但是，个个又都无法降服黑马。一日三，三日九，三九二十七，最后一个月只有三天了，降马招婿榜纹丝未动。又过了两天，来了个土家打扮的后生，走到张猎户门口，一手把榜文扯了。

老猎户心里非常高兴，便带雅索同这后生前往草坪降马。众猎户相随，远近的百姓也闻讯赶来，好不热闹。

午时，黑马正在草坪中央吃草，只见这位远方的青年猎手，左悬弓，右插箭，身背大砍刀，向黑马奔去。黑马闻有人气味，一声嘶叫，张开大嘴，一个"天蹦纵"，直奔青年猎手。只见猎手一个侧身闪过。老猎户父女和众人都很担心，忙齐声吆喝助威。黑马刚刚前蹄一跃，老猎户父女拿弩齐放。黑马张着嘴，把飞箭一一吞下，直奔老猎户。说时迟，那时快，只见那位青年猎手右手一扬，三支三寸长的雕翎箭排成一字形，飞向黑马头部。黑马张开嘴吃了中间那支箭，左右两支箭插在黑马两边耳朵上。黑马疼痛难忍，无法腾云，一下跌落草坪。黑马还没站稳，后生早已一个箭步，飞身上马，把马耳朵上的雕翎一拉，喝道："今日认得我向老官人么？"黑马点一下头。"既认得，从今以后做我的坐骑。假如愿意，点头三下。"黑马果然点头三下。后生把黑马耳朵上的箭取下，舞着大刀，骑着黑马，绕着草坪走了一圈。看热闹的人也在坪上耍刀弄棍，打拳和舞流星。雅索带着姑娘们跳起了团圆鼓舞。

这个降马的青年猎手叫向老官人，家住沅陵莲花池，家有年迈的母亲，父亲是打猎能手。向老官人十一二岁便开始和父亲上山打猎。不久，老猎户为他和雅索完了婚。

向老官人降服黑马的消息，一传十，十传百，后来传到京城，连皇帝也知道了。他想："五溪蛮向来不服王法，现在又出了这样的能人，将来天下还保得住？"于是下了一道御旨，要召见向老官人。

向老官人只好骑着黑马进京。皇帝给他华丽的房屋住，送山珍海味吃，还封官。向老官人一点也不动心，一心只想快快回家。这天，皇帝专门召见他。

皇帝问："你家有多少人？"

向答："有三斗三升小米那么多人。"皇帝听了，吓了一跳，心想这么多的人，造起反来如何得了。

皇帝问："你家有这么多人，煮饭、挑水有多少人？

向答："七十人煮饭，八十人挑水。"（父亲八十岁，母亲七十岁）皇帝心想，自己身为天子，家里也没有这么多人煮饭、挑水。

又问："你家房子有多大？"

向答："千根柱头落地，万个门口出入。"（住竹夹墙的茅屋）皇帝心想，皇宫也只九重门，自己又比输了。

皇帝继续问："这么大的房子扫地怎么办？晚上灯有多少盏？"

向答："风扫地，月点灯。"（风大能把屋里灰尘垃圾吹掉；透过竹夹墙的月亮当灯）皇帝更弄不清这句话的意思，心想，反正自己又不如他了。

皇帝最后问："吃住怎样？"

向答："吃的金子饭（小米饭），银子菜（白花菜），用的有皮无骨的象牙筷（芭茅秆当筷子），玉石翡翠碗（油桐树叶）。日吃江边之水（半边破水缸盛水），夜睡独脚龙床（树杈支起的床），三只盐船下水，磨鹰滩打了一只，吃了三天淡菜。"（他养了三只鸭子，靠鸭子下蛋换盐吃，被磨鹰抓去一只，少了三天的盐钱）

向老官人对答如流，一席话把皇帝吓得目瞪口呆，心想：他住的逍遥宫，胜过金銮殿，赛过神仙府，超出帝王家。自己贵为天子，倒不如向老官人。心里这样想，嘴里却说："卿文武全才，现赐御酒十瓶，以示圣德，休负朕望。"向老官人接过御酒出门而去。

第二天，向老官人骑着黑马，带着御酒回家。他想一天到家，于是快马加鞭，黑马腾云驾雾一般飞奔，到了常德，不过中午，来到德山寺下的白马渡。他跳下马，来到渡船上，打开一瓶御酒，芳香扑鼻，就喝了一大口。酒一下肚，向老官人只觉得天旋地转，一个跟头栽到河中。这时黑马赶忙下水，一口将向老官人衔住，跃出水面，上了岸，不要命地飞奔向竹山寨。一到家，黑马把向老官人放下，雅索一见此情景，便放声大哭，老猎户也不知如何是好。正在这时，只听得一声喊："气死我了！"大家一看，向老官人醒了。原来向老官人喝下有毒的御酒后，掉到河里，肚子灌满了水，黑马把他衔着跑了几百里路，酒在肚子里往上涌，他大喊一声，毒酒全部呕了出来。大家见了，才放下心。向老官人把进京的经过说了一番，大家才知道中了皇帝的毒计。

皇帝收到常德府的呈报，得知向老官人喝了毒酒，坠河身亡，心里着实高兴，便派一员大将带领万名官兵，征剿土家苗寨，扬言要踏平竹山寨。当官兵浩浩荡荡开到三十坳，见没有人抵挡，便趾高气扬地进入寨子。哪知立足未定，就被沅陵、泸溪、古丈边界各族百姓围住了。从三面放火，仅留西边一条出路。这些官兵吓得哭爹喊娘，往西逃窜，不上一里，正遇上向老官人骑着黑马，拿着大砍刀，挡住去路，往后退又进入火海。一场激战，杀得官兵丢盔弃甲，血流成河，剩下的向东败退，向老官人随后追赶。赶到一处，因之前向老官人的刀砍卷口了，便在一块石头上磨了一下（后来这个地方叫磨刀岩），又继续追赶。再说官兵败退，走了一天一晚，饿得无法忍受，到处抢劫百姓的猪羊，放在火里烧着吃（后来这个地方叫烧肉溪）。刚吃下肚，向老官人就赶到了，官兵不要命地鼠窜，赶到白河边，这时正是倦鸟声声，暮鸦归巢之时（后来这地方就叫作鸟宿），争先恐后地跳上了船，淹死踩死不计其数。向老官人追到河边，天也黑下了，便准备收兵，但心中怒火尚未消除。只见他骑在马上，右手一扬，三支雕翎箭，成一字向东北方向飞去，才心满意足收兵回寨。

第二天，京城的皇帝上朝，看见他坐的龙椅上并排插着三支利箭，上刻"向老官人"四个字，吓得要死。心想，昨晚幸亏退朝早，不然早作箭下之鬼了。皇帝越想越害怕，越害怕越不敢上朝，时刻担心又有三支箭射来，只好躲在深宫内，不久，就一命呜呼了。

从此，向老官人夫妇俩过着游山打猎生活，各族人民也安居乐业，官兵再也不敢侵扰竹山寨了。

二、向氏族人的迁徙

上面已谈到，沅陵县莲花池村，系沅陵、常德、湘西及贵州等地向氏家族的发源地。现在仅就湘西古丈县向氏族人的迁徙进行一番探讨。

20世纪90年代，我们下乡从事湘西少数民族古籍调查和搜集时，在与莲花池一山之隔的高峰乡淘金溪村，发现一本清光绪年间手抄的《向氏家谱》，虽然已烂去几页，但字迹娟秀，完全能辨认。尔后，在相邻的八水坪村，又发现了一块清光绪八水向氏募修祠堂碑。我们进行了测量和抄录，将其作为土家族古籍条目分别刊载于《湘西州土家族古籍总目提要》和《中国少数民族古籍总目提要·土家卷》之中，内容如下。

据八水坪永垂不朽石碑记载，清光绪三十二年（1906）向登藏撰文，粟道缮抄刻。记向氏重修宗祠事。碑文从古代向氏族人谈起，至五代十国时向宗彦（向老官人），于古丈始立宗祠。现祠已毁，碑犹存且保存完好。此碑对研究湘西向氏迁徙与家谱有参考价值。碑在今古丈县高峰八水坪，一面有字，碑面126cm×68cm，刻面126cm×68cm，汉文24行。

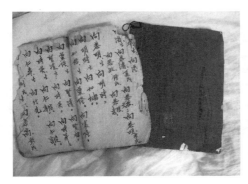

图2-3　向氏家谱

图2-4　向府祖墓

此碑原立于八水坪向氏宗祠内。中华人民共和国成立后，祠堂改为村级小学。全国著名歌唱家宋祖英就是在这所小学上一年级，接受启蒙教育的。该碑现立于小学操坪围墙边，配有水泥碑座，雄伟壮观。2018年5月，我们重访该地时，学校无存，已改为村部。但发现离石碑不远处的古树下，又立了一块同样大小的石碑，一打听，原来是新雕刻的一块石碑，名为竹林堂，应是向氏族人的一个支堂。由此可见，向氏族人对向氏祖先的崇拜到了何等程度！现将田仁利编著的《湘西土家族苗族自治州金石通纂》一书中，"清光绪八水向氏募修祠堂碑"碑文转载于下，供读者阅读与研究。

盖闻求木之长者，必培其本，而枝叶始繁；欲水之深者，必浚其源，而泉流不竭；然后之昌者，必祀其先，而毓钟自盛。诚以先公为后嗣之本源，本不固而求如者发千章，源不探而欲如水周万派，虽下愚知其不可，况明哲乎？我族出自子干，迄汉代向文皋公生于豫，宦于辰，家于莲花池，厥后代有伟人，尤指不胜屈。至宗彦公于后晋时，苗民逆命，大力佐乎伏波，土酋倾心，余威震于殊俗。因而勋标铜柱亿万年，昭日月之光；爵锡金牌千百蒙，奉春秋之祀。故立祠以陈俎豆，镌相以志音容，任他人仰慕声灵，尚知报德。矧我族同分毛里，何忍忘恩先大公及先六公，于前明时自上莲花征八水坪，咸丰初曾立新祠。奈迁地弗良，致楼口灵无所，今之所存仅遗相二尊、故钟一架而已。然莫为之前，虽美弗彰；莫为之后，虽盛弗传。兹者吉卜村左，正作寅山申向，于十二月初四日竖柱，午时上梁，拟欲华壁，外垩粉墙。且祭器祭田，惟求其备；治人治法，必择乎良。但程功甚浩，所费不赀，惟冀同宗兄弟量力输捐，虽营里之迁，或分沅永，而燕祥之发，总出殷商。行见丹碧流辉，馨香可格，盖前之昭穆，既不失其伦；则后之子孙，自不其丽。伫看林中绿竹，枝枝挺秀，无非厚德所栽培；竞赏池内清泉，滴滴流酥，益信深恩之汪洋。所谓万殊一本，异体同源者此也。是为叙……

按：文内有"至宗彦公于后晋时，苗民逆命，大力佐乎伏波……"一句，实有所误。伏波将军马援是东汉时期人，曾在建武十八年（42），平定征侧于龙编，竖铜柱于象浦（今越南河内附近）。而马希范在后晋天福五年（940），立溪州铜柱于酉水河畔的会溪坪。向宗彦大力辅佐的是马希范，并非伏波将军马援。将相距近900年的两个历史人物搞混淆了。我发现在有些碑文及文章中，也经常出现类似错误，故此特加说明，还历史真实面目。

近日，在古丈县古阳镇境内，发现一座大型向氏夫妻合葬龙船碑墓，很有气魄。它是因修吉恩高速公路迁建的一座墓葬，地处古丈县城2千米处，与古阳镇太坪村相邻。综上可见，向氏族人从莲花池迁徙太坪村的大致路线为："沅陵县莲花池—古丈县高峰镇—古丈坪—太坪村。"

三、鲁力嘎巴鲁大王

比起向老官人，鲁力嘎巴知名度要小得多。在《中国少数民族古籍总目提要·土家卷》一书中，有如下记载。

鲁力嘎巴，是西南官话湘西方言的传说人物，流传于湖南龙山水坝。

其属英雄崇拜的传说。鲁力嘎巴是土家寨上有名的大力士，能降龙伏虎，多次帮助土王打败客王。客王无奈，就和土王讲和分疆界，在会溪坪立铜柱，客王管下七府，土王管上八府。客王一面讲和，一面派人用计害死了鲁力嘎巴。

这些内容对研究土家族历史及民族关系史有参考价值。

按：1963 年，彭学广讲述，田永瑞笔录，32 开纸 2 页，1500 字，收入《中国民间故事集成湖南卷·龙山县资料本》，龙山县民间文学集成办公室 1988 年编印。

彭勃先生在《永顺土家族》一书中写道："向老官人田好汉、科冬毛人和鲁力嘎巴，他们的传说故事在永顺土家族人中，可以说家喻户晓。摆手堂里，中间供的彭公爵主，左右陪祭的是向老官人田好汉，有些是科冬毛人和鲁力嘎巴。"书中还记载："鲁大王，是元朝初年反抗元兵入侵的

图 2-5　鲁氏族谱

英雄人物，是镇溪人。他与田万顷、孟再思等抗拒刘国杰进攻溪州，在明溪、镇溪、施溶桑木溪等地打了几场恶仗，后因寡不敌众，三人都战死。"

鲁力嘎巴和鲁大王其实是一个人，家住古丈县高峰镇的石马潭古渡口。1990 年的《古丈县民间故事集成》中，就有《鲁大王的传说》这则故事。

"大茨滩，小茨滩，鲁王镇坐石马潭；人头矶，人头像，活神当年鲁大王。"这哀婉的《酉水号子》，包含着一个传奇的故事。

很久很久以前，富饶的酉水两岸，住着勤劳的土家人民。他们男耕女织，打鱼捞虾，生息繁衍，过着安居乐业的生活。在这条河水的下游，有

个大渡口，名叫石马潭。这儿群山对峙。在悬崖边屹立着一匹大石马。山腰，连着一条长龙般的大山脉。这儿自古就有"马头龙尾"之说。因地势险要，自古就是兵家必争之地。

在山下河边，居住着几十户姓鲁的土家人。村里有一后生，名叫鲁力嘎巴，长得身强力壮，十八般武艺样样精通。为防外人的欺侮，大家一致推举他为寨主，因三兄弟中他为大哥，故叫他鲁大王。那时，朝廷腐败，苛捐杂税多如牛毛，土家人民生活困苦，怨声载道。那年，鲁大王双亲相继去世，请阴阳先生来看墓地。阴阳先生指着长长的龙脉对鲁大王说："你屋有皇帝之福分。"

"此话怎讲？"鲁大王不解其意。

"从今天起，你紧闭大门，在家服丧三年零六个月，神堂上放一碗水，碗上放三支箭，时刻一到，打开大门，自有妙招。"

"我没有战马？"鲁大王又问。

"石马到时可骑。"

"我没有千军？"

"满山翠竹，一个节巴一个兵。"

鲁大王将信将疑，但还是照着阴阳先生的话做了。等了三年，一天早晨，鲁大王的妻子不耐烦了，私自将门打开，刹那间，只见三支神箭"飕！飕！飕！"地向天空射去，无踪无影。这时，屋后满山遍野的翠竹全部炸开了，一个节巴伸出一个人脑壳，没长齐全，都相继死去了。鲁大王见状，自知不妙，气得死去活来。

再说那三支神箭，腾空而起，直向京城射去。京城皇帝刚起床，见床头插着一支箭，吓得一跳；他向金銮殿走去，发现柱头上也插着同样一支箭，吓得浑身发抖；来到龙椅边，只见龙椅上又插着一支箭，顿时吓得瘫倒在地。众臣连忙把他扶起，商量对策。一看三支箭，上面都刻有"鲁大王"三个字。皇帝大怒："什么鲁大王鲁二王，定是存心谋害于我！"立刻传下圣旨，四处查找刺客，捉拿归案。

庞大的捉拿队伍，在钦差大臣的带领下，浩浩荡荡开出京城，查了三年零六个月，走遍全国各地，最后查到了石马潭。官兵一到，山崖上那匹石马日夜嘶鸣，闹得人心惶惶。钦差大臣虽然得知鲁大王就住在这里，但还不敢下手，于是上山去观看石马。大臣一见石马，便知是匹宝马，想拿它献给皇上，忙送它精料吃，然而石马死不开口，后又送给它青草吃，石马立即大口大口地嚼了起来。钦差大臣恍然大悟：这不是正王（朝廷所封）骑的马，而是草口王（野王）骑的马。于是用铁锤敲去了马下巴。可是，马下巴第二天又长了出来。

钦差大臣无可奈何，见那龙脉生得很旺，又驱使士兵去挖龙脉，可是，白天挖断，晚上又长合了。后来，打听到地脉龙神"不怕千锄万镐，只怕铜钉钉断腰"的谚语，马上打了几百斤重的大铜钉，牢牢钉在龙腰上。霎时，天崩地裂，天昏地暗，血水流了三天三夜，碧绿的小溪和酉水被染得通红，一直流到十里远才澄清。故此，这儿取名澄清，后演变成镇溪。而流血水的那条小溪，则取名为尸血溪。

官兵包围了石马潭。鲁大王大怒，举起双刀向酉水岸边的一条长形大石块砍去，条石分成了三段，形成了后来的三道岩。鲁大王见大势已去，连劈数十个官兵，冲出重围，向酉水上游奔去。到了绸子岩插旗杆的地方，鲁大王捡了块大石头放在水中，一跳跳过了酉水。官兵乘船过渡，尾追不放。鲁大王张弓搭箭，百发百中，一船船官兵被射落了水。可是，箭已用完了。最后，鲁大王来到公羊坪下方的瞿滩头，只见酉水两岸官兵摇旗呐喊，挡住去路；往后看，钦差大臣带着追兵蜂拥而上。在这重重包围之中，鲁大王不慌不忙，低头观看哺育自己的酉水，照着自己落在水中的面容，就在光滑的崖壁上，用指甲抠了个威武雄壮的人头。头上戴着乌纱大帽，以表与皇帝誓不两立的决心。然后，鲁大王高举双刀向钦差大臣抛去，双刀落于河岸，化成后来的双刀岩。最后，鲁大王毅然投进滔滔的酉水怀抱。酉水裹着英雄的遗体，流至石马潭时，山腰石马悲鸣，多情的酉水，把鲁大王高高托起，抛向半空，让其端端正正地坐在石马背上。

那个抠了人头像的大石壁，名叫人头矶。三道岩、双刀岩和人头矶，现已被库水淹没。如今，当你坐船经过石马潭时，只见悬崖之上那匹石马背上，一位勇士正端端正正坐着，雄赳赳，气昂昂，仿佛要向酉水扑来。石马下，还刻着这样一首由伍秉纯搜集整理的诗：

石马原来在此州，

不知度过几春秋，

大风吹来毛不动，

微风细雨汗长流；

遍地青草难进口，

满江洪水不低头；

秋风明月相陪伴，

天地为栏夜不宿。

按：20 世纪 60 年代，笔者路过酉水河畔的人头矶，看到了石壁上刻画的人头像，与成人脑袋一般大小，头戴一顶乌纱大帽，十分威武。问陪同者，他说是用手指甲抠的，我仔细一看，这是些连续线条，像是用铁钻打凿的。若用指甲抠的话，应是断断续续的线条。最近我问非遗三棒鼓州级代表性传承人张德承老人（他是石马潭人），他说赞石马的那首诗原刻在石马潭去镇溪的路边石壁上，落款刻有某某人的四方形印章。可惜这些东西都被凤滩水库淹没了，没有留下影像资料。

四、鲁氏族人的迁徙

石马潭属古丈县高峰镇一个村寨，位于酉水之畔，与沅陵县莲花池一起被高望界大山脉阻隔。石马潭鲁氏族人的迁徙应是走水路。彭勃、彭继宽编著的土家族旷世古歌《摆手歌》后记中说："这次整理，我们以记录较全的古丈田光南老人讲唱的《摆手歌》为蓝本，并吸收龙山秦恩如、田景臣等人讲唱的不同内容进行了初整并油印出来。"现摘录部分《民族迁徙歌》于下，以飨读者。

背纤的，

嘴巴舔着石壁；

撑船的，

屁股贴在船底。

哎嗬，哎嗬，

汗流完，力使尽！

闯过茨滩、凤滩，ㅤㅤ船到莫托溪。	船过罗依溪，ㅤㅤ又过占潭口。

闯过茨滩、凤滩，
船到莫托溪。
望天不见天，
两岸大树遮住，
看水不见水，
满河落叶盖满。
船过石马潭，
又过双溶洲，
望见雪花洞，
雪花飞满天；
望见九龙厅，
地势好凶险。

船过罗依溪，
又过占潭口。
……
走水路好上船，
走旱路好上岸。
上岸好，
爬在岩坎上，
攀着葛藤行。
上船好，
背着纤绳走，
挥着木桨行；
……

这是土家人溯西水而上，一次有组织的群体性的迁徙画卷。但是，个别因兵乱、逃荒、避难而迁徙的故事，也时有发生。下面转抄的是《古丈县民间故事集成》中向秀娥讲述的一则小故事《打烂坳传说》。

那年大旱，老百姓苦极了，纷纷出外讨米要饭。一天，有三弟兄逃荒来到一个山坳边，他们肚子饿得咕咕直叫，实在走不动了，只好坐下来歇歇。大哥首先开腔了："我们三弟兄在一起讨饭，得的少不够三人吃，不如分散去讨吧！"三弟听了痛哭起来："我年纪小，就这样分手了，今后找不到哥哥怎么办？"二哥听了也哭起来，他从背笼里取出一个鼎锅，狠心地说："这个鼎锅是我们家的传家宝，现在只有把它打烂，各拿一块，日后兄弟三人见面时，以此为凭。"大哥听了思索半天，终于下了决心："打就打吧！"于是用岩头把它打成三块。三人各拿一块，抱着痛哭一场，就各奔东西讨米去了。

从此，人们就把这个山坳取名为打烂坳，就是原来的罗依溪镇人民政府所在地。

这个故事，还有另一个版本，说这三弟兄是鲁大王的三个儿子。鲁王遇害，三弟兄沿酉水逃到罗依溪背后一个山坳，打烂的不是鼎锅，是一个三脚铁撑架。大哥沿古阳河而上，来到热溪住下，二哥去永顺塔卧，三弟到高望界上的鲁家寨。据说土家人在火塘里不许用脚踩三脚铁撑架的习俗原于此。

几年前，我们在原罗依溪镇附近的鲁家溪，搜集到了一本《鲁氏族谱》，系民国九年（1920）的，题印有"鲁氏续谱"四个字，文内含历次修谱序（叙），其中一序为同治八年（1869）所写，另有家规、科目录、世系合订年表、鲁氏谱跋等。这对研究土家族习俗和湘西鲁氏源流有参考价值。原罗依溪镇有许多鲁姓族人，古丈县城古丈坪也有许多鲁姓族人。热溪村也正在续写鲁氏家谱。由此可见，石马潭鲁姓族人的迁徙路线大致应为："石马潭—罗依溪—古丈坪—热溪。"

五、向鲁二姓族人共同创建跳马

莲花池的向氏族人和石马潭的鲁氏族人，先后迁徙到热溪落脚安家，生息繁衍。热溪这地方到底是个什么样的风水宝地？本地盛传在一次县城山歌赛会上，一位热溪土家姑娘跳上歌台，首先自报家门：

> 要我报名我报名，
> 我是热溪土蛮人。
> 前有一座灵官坳，
> 铁链绚岩在后门。

好大的口气呀！真是一语惊天，把其他歌手吓得不敢开腔了。原来热溪位于古阳河上游，距县城6千米，分大寨、小寨、舍塔三个自然寨，居住着225户1000余人。大寨位于古丈去乾城官道上坎100米处，背后大山名叫龙背山，紧挨山寨之处矗立一座狮子山。此山中裂一口，犹如狮子啸天。此处悬崖峭壁，古树参天，危岩摇摇欲坠，幸有无数根巨大古藤将其缠绕，犹如铁链绚岩。山后有马日坳、武当山等，是牧马练武之处。村

图 2-6 苗族同胞赴庙会

口有一块突出的台地，像狮子伸出的长舌头，这就是土地坪，上建有土地堂，是村民祭祀和举行跳马等活动的场所。村子对面，有座突起的大山，名灵官坳，其上建有灵官殿一座，昔日官道正从坳上经过。土地坪、灵官坳，互成掎角之势，扼守寨门，地势十分险要。寨子左侧，有一小溪潺湲流淌，与古阳河汇合。虽无热水温泉，但人们都习惯叫它热溪。这村寨就以溪为名叫热溪村，取热热闹闹之意也。

后来不知什么时候，一下改为太坪村，喻天下太平之意。如今，国道G352从灵官坳经过，枝柳铁路在古阳河对岸留下一个小火车站，吉恩高速公路在这附近建有一座进出口收费站，交通十分便利。

昔日向、鲁二姓土家先民，孤军深入苗区和汉区，且距治城古丈坪不远。他们姻亲娶嫁，和睦相处，团结一心。他们时常怀念各自的先祖和英雄。显然，向老官人和鲁力嘎巴为他们心中当之无愧的英雄。继而，他们从各自英雄传说中找到一个契合点——马。向老官人马草坪降烈马，鲁力嘎巴牺牲后骑石马。战马不光是英雄南北征战的坐骑，更是不畏强暴、敢于牺牲、勇往直前的民族精神象征。

在中国成语中，就有马到成功、万马奔腾、汗马功劳、横刀立马、厉

兵秣马、龙马精神等鼓舞人心之佳词。向、鲁二姓先民们认为只有用
"跳马"这一艺术形式，才能将心中对英雄的怀念和崇拜淋漓尽致地发挥
出来。相传后来发生的一场战斗，为跳马的形成起到推波助澜的作用。

　　大约明朝初年，迁徙热溪的向、鲁二姓土家族人，由于家族人口较
少，又深入苗区和汉区，势单力薄，常常遭受官匪的欺扰。在忍无可忍的
情况下，被迫于一个大雾弥漫的清晨，全寨青壮一齐出动，杀向敌阵。敌
人惊恐万状，朦胧中见冲来的尽是些骑着高头大马的壮汉，刀光剑影，风
声鹤唳，吓得魂飞魄散，不战而溃。事后大家认为这是土地菩萨在暗中保
佑，先祖英灵附身。于是，向、鲁二姓商量，决定举行祭祀活动，酬谢土
地神，祈望国泰民安，五谷丰登。他们决定以跳马形式进行操练，显示力
量，以歌舞形式表达欢乐之情。这样一代传一代，遂形成跳马习俗。后
来，一支向氏族人迁往古阳河对岸一个叫宋家若的地方，跳马习俗亦在此
地流传开来。

图 2-7　宋家若村口

　　宋家若原属古丈县官坝乡，后官坝乡更名为双溪乡，2015 年合并进
古阳镇。宋家若寨内根本没有姓宋的人，除迁去的向姓家族外，还有田姓

族人。向姓人住下寨，流行跳马习俗。田姓人住上寨，相传这儿原是深山老林，野兽出没之地，实为险途。几个赶肉者（打猎人）在此追赶一只野猪，野猪慌不择路，竟被夹在一棵树丫上，动弹不得。猎人见状大喜道："树夹肉！"后来演变成"送架肉"，再后来，就约定俗成为宋家若。

第二节　跳马其他起源之说

自从 1989 年 2 月 20 日，即农历正月十五，古丈县首次恢复土家跳马节，并在央视《神州风采》栏目播放，特别是 1991 年 10 月 21 日，古丈土家跳马队参加了"中国少数民族傩戏国际学术讨论会"古丈默戎傩祀傩舞田野表演，与会的 200 多名国内外专家学者观看后，跳马民俗现象一石激起千层浪，大家纷纷发表论文和相关文章，对土家族跳马的源流及表

图 2-8　太坪村民居

演内容等各抒己见。这为深入推动跳马民俗研究提供了宝贵的资料和广阔的思维空间。古丈县文化局伍秉纯，在中国少数民族傩戏国际讨论会上，宣读了论文《土家族跳马及民俗》。1991 年 12 月，伍秉纯的《土家族跳马初探》被收录于湖南师范大学出版社出版的《湘西傩文化之谜》一书中；1993 年 8 月，《土家族跳马的自娱性》在中央民族大学出版社出版的《湘西民俗文化》一书中刊登，这些论文的发表对学界开展跳马研究无疑又起到重要作用。

一、古代祃祭遗韵之说

何为"祃祭"？艾红玲在《古代祃祭流变考》的"内容提要"中写道："古代祃祭是一项重要的祭祀活动，但在不同历史阶段，举行祃祭的时间、地点以及祭祀对象并不完全相同。先秦时期，祃祭的含义较为复杂，祃祭的范围不仅限于军事活动。到了唐代，祃祭已经演变为一种祭祀军神的祀仪形式。宋以后，祃祭的对象基本上固定为军旗，直至清代，成

图 2-9　跳马队

了专祭军旗之祀。"

查寻有关资料，对祃祭又有如下记述。

古代出兵，于军队所止处举行的祭礼。《周礼·春官·甸祝》："掌四时之田，表貉之祝号。"贾公彦疏："《诗》与《尔雅》据出征之祭，田是习兵，故亦祃祭。云祷气势之十百而多获者，应十得百，望多获禽牲，此解祃字之意。"宋周密《齐东野语·出师旗折》："〔贾师宪〕亲总大军督师江上，祃祭北关外。而大帅之旗适为风所折，识者骇之。"明高启《观军装十咏·纛》："师行当祃祭，坛下戮番生。"

古代的军事祭祀有两类。第一种就是祃祭，又称为师祭，是指在征伐之前举行的祭祀。祃祭的目的在于告知神祇大军出征之地和行军经过，保佑出征顺利。第二种是蒐礼，即蒐田之礼，蒐田就是蒐山田猎，蒐礼又称为表貉或表貉。古代田猎，不只是游幸，还兼有军事演习以磨炼军队的作用，因此蒐礼是一种军事礼仪。《国语·晋语八》："昔成王盟诸侯于岐阳，楚为荆蛮，置茅蕝，设望表，与鲜卑守燎，故不与盟。"指在古代出征田猎的阵前，立"望表"插豹尾表貉，对田猎地区的山川发誓言祭祀的礼仪，与后世祭祀山川有共通之处，后世祃祭和蒐礼实际上已经基本合并，可以并称祃祭。祃祭和蒐礼往往还伴随观兵露布（卤簿）之礼，以表现军容盛壮。祃祭完毕，作战获胜后，还要进行献俘礼，将俘虏首恶杀于祃祭的坛下，告慰神主。先秦时的祃祭之礼，至汉代已经不可考，郑玄解释祃祭时也很苦恼，用了"为兵祷，其礼亦亡"这样的话，孔颖达补充说祭祀的对象可能是"造军法者"，即黄帝或蚩尤，他也不能确定要祭祀的究竟是哪一位。尽管先秦的祃祭对象有争议，祃祭过程不清楚，但是在隋以后，祃祭的主神就逐渐只剩下了黄帝，蚩尤很少再出现。《隋书·卷八·志·第三·礼仪·三》载："开皇二十年，太尉晋王广北伐突厥，四月己未，次于河上，祃祭轩辕黄帝，以太牢制币，陈甲兵，行三献之礼。"《隋书·帝纪·炀帝》记载："大业十年春二月辛未，诏百僚议伐高句丽，数日无敢言者。三月壬子，行幸涿郡。癸亥，次临渝宫，亲御戎服，祃祭黄帝，斩叛军者以衅鼓。"中国自汉以后的祃祭，主要内容是以军旗祭祀神祇，保佑可以战胜，而军旗正式的称呼就是旗纛。

湘西土家族苗族自治州民族文艺研究所的张子伟先生，于 1991 年 10 月，在吉首参与组织"中国少数民族傩戏国际学术讨论会"，并确定古丈县土家族跳马作为大会田野表演节目。他于 2003 年在《民族论坛》2003 年第 8 期上发表了《跳马——土家族远古习俗的遗韵》，文中指出："跳马与'祃祭'同源于远古时期的军事战争中的祭祀礼仪。"现将全文刊登于下，以供大家参考。

跳马——土家族远古习俗的遗韵

古丈县热溪村土家人保留了一种远古祭祀仪式"跳马"。岁首正月的第一个马日，在隆隆炮声中，热溪村及附近村落的乡民，结成上千人的游行队伍，在梯玛（巫觋）率领之下奔向土地坪。沿途锣鼓喧天，炮仗不断。土乐队领先，彩旗队随之，接着是山鬼子队，并抬着纸扎的酋长老爷。扫尾的是马队，最引人注目，他们骑着竹扎纸糊的高头大马，分为八至十二组，每组三人。旗手高举彩旗，作前导。骑士由村里挑选的青壮年充任，头戴凉帽，手举篾刀，策马行进。赶马人护卫其后，戴的是纱箩帽，左手持蒲扇，右手举长刀。三五十人全是雄赳赳的武夫装扮。这支队伍气势雄伟，如同与敌人进行一场殊死的战斗。经过一路巡游进入土地坪，祭奠土地公公土地婆婆，之后，便进行精彩表演。大约过了两小时，马队、旗鼓队将老爷送至村后溪边，举行审老爷、烧老爷的仪式。土老司同时在土地庙前焚香烧纸，念《送马经》，将马堆放一处焚烧。这是最后一天祭祀，表示酬还了土地菩萨的一堂神愿。在此之前，还有三项仪式：第一项，大年土地神生日，向其许愿，祈求风调雨顺，五谷丰登，人畜两旺；第二项，跳马的第一天，扎马，操旗，贺马；第三项，第二天表演稀可乐等活动。

观过三天盛况，留给人诸多困惑与费解。例如：为何要向土地神许马、跳马、烧马？既然由男性梯玛主祭为何要女巫参与？举行巡游的目的是什么？为何会有焚烧酋长之举等。这四个问题涉及上古时期土家先民的习俗与信仰。笔者试作如下解读：

湘西学者石启贵先生，在 20 世纪 30 年代曾陪伴著名学者凌纯声夫妇在古丈对此作过专题调查。他在《湘西土著民族考察报告书》中简介道："如地方突起人畜瘟疫，虫蝗旱灾，其他禳解无效时，方叩许之。叩许此神不能即时酬还，必待岁丰之年，始酬祭之。"可见，跳马是在遭受严重天灾瘟疫侵害之后，一般梯玛用尽禳解法事皆无效果的情况下才举办的叩许、还愿盛典。祭坛的布置亦颇隆重：跳马要在宽敞的坪中；土地庙中要设高高的神坛，上置土地公、土地婆，祭品陈列在前，十分丰厚；主祭品要千年猪一头，凤凰鸡一只。庙外有一宽敞的土地坪，又叫马场，四周满插五彩旗，龙凤旗立于中心位置。祭后即开始在马场跳马、舞狮玩灯、踏鼓赛歌。演者上百，观者上万。时间长者三天，短者一日。从这种磅礴气势、丰富内容与宏大场面看，当是氏族联祭，绝非单家独户所能举办。

向土地神许马从六匹开始，两匹两匹往上追加，最多到十二匹，称"月月红"。判定土地神认可与否，以卦为凭。若连打三次，得到三副周全（阴、阳、顺三卦），则表神准。以马为祭品是人类的一种精神寄托方式，根源于马为死者坐骑，可以通往冥界。早在六千年前的旧石器时期，马已被驯化并成为乘骑，这是人类跨入文明之门的显著标志。当时的马匹确属极为珍贵的交通工具，是权力地位的象征。当权者辞世，人们即用他的坐骑殉葬，让他在阴司继续受用。

有一种"祃祭"（以马为祭品）的仪式，殷周时期就很盛行了。它是古代军队在野外征伐之地所举行的一种祭祀，军队到达征战的目的地，"恐有慢其神，下而祀之曰祃"（《说文》）。它所祭祀的神灵是谁？"其神盖蚩尤，或曰黄帝"（《周礼·春官·喇币》）。直至隋朝和宋朝还保持着杀马祭祀黄帝和蚩尤的传统。因为他们是赫赫战神，生前坐骑又是马。由此推测祃祭应发端于五千年前这两位战神辞世之后。

这种祭祀仪式由谁来主持呢？初民时期人们有着灵魂不灭的迷信观念。他们认为逝者与氏族祖先同住在神灵的世界里，从凡间到神界要由巫觋沟通。巫觋做法可上天敬神，亦可请神下凡。上天请神需乘马，马即是人神交往的一种必需的凭依物。《史记·赵世家第十三》载有一段神话，说穆天子乘坐日行千里的八骏，西巡昆仑之丘，进入百神居住之所，"见西王母，乐之忘归"。马具备帮助人抵达神界的重要作用。

湘西梯玛在举行"服司妥"（还土王愿）仪式中，亦有梯玛骑着马下阴间给土王解钱，又乘豹头海马登天向"七姊妹"求子的说法。梯玛在"安马"一节法事中，用大段巫歌唱出"开光点眼"的神圣化过程。这种由长凳化成的神马，不仅可以成为梯玛从现世通达神界的交通工具，而且亦可通过梯玛将凡人送往神界。与之相类的占卜活动还有"扯七姑娘""扛仙"等。这些女巫所坐的四脚长凳亦是马的象征物。古代以马殉葬的事例甚多，秦始皇的兵马俑便是最突出的一例。据考证，秦之前用活马作殉葬品，至汉代皆以木寓马代替，至唐代始用纸马祀鬼神。古丈跳马，是一种执刀列阵的战舞，其披甲、绞旗、竞技和不断的爆竹声（象征炮火）无不渲染着一种战争气氛。可见，跳马与祸祭同源于远古时期的军事争战中的祭祀礼仪。

巫与觋，是两种性别的事神迷信职业者，女称巫，男称觋。跳马仪式实际上是由三个男性梯玛主祭，但必须有一个女巫参祭。这大约是母系制过渡到父系制时期的混合性祭仪。其实，母系氏族社会的祭祀只由女巫主持，女酋长常常兼任女巫这个神职，成为巫之首脑。待到父系社会，男酋长兼任巫师，成为觋之鼻祖。黄帝、蚩尤就是五千年前的觋之祖。据《山海经·大荒西经》载，逐鹿之战，仿佛就是一场巫术战争的较量："蚩尤作兵伐黄帝，黄帝乃令龙攻之冀州之野。应龙蓄水喷水，蚩尤请来风伯雨师，纵大风雨。黄帝乃下天女曰魃。雨止，遂杀蚩。"

从"梯玛"本义考察，"梯"土家语为女性生殖器，"玛"，马也，两字意谓骑马祭祀的女巫。可见母系时期的土家族祭祀是由女巫主持。女巫持八宝铜铃（此铃系于木雕马之身）、穿八幅罗裙，做事神活动。春秋以后，受孔孟儒学的影响，女巫失去了以往的神权，男觋占据了主祭神坛的位置。虽然当初梯玛的法服——八幅罗裙至今仍保留有明显的女性特征。但是像古丈跳马中的三觋一巫的主祭性别搭配，在我国其他地区实属鲜见。

巡游与迎春。春天来临之际，我国古代从宫廷到民间，普遍流行迎接春神的祭祀活动，其方向路线是向东方行进，于东郊祭太阳神。据有关资料考证，处于蒙昧时期的中外原始人类，均把太阳看作神的生殖器，失去了太阳，也就失去了春天，失去了万物生殖之男根。因此必由亚觋举办寻找太阳、召回太阳的仪式。如古埃及的一位农神俄西里斯遇害时，其尸骨随风飘散。妻子伊希思向东寻找，唯生殖器无法找到，只得用无花果树木刻成一具木的替代（见《性崇拜》）。在古希腊、古印度亦有这样的游行仪式。其原型就是再现人们结队去东方寻找太阳的历程。日本名古屋的人们在观音菩萨生日时亦结队游行，人们捧着粗壮的阳物，欢歌狂舞，祈祷丰年。土家族《梯玛神歌》中有"碎尸"的神话。说的是土家族始祖神补和雍尼，兄妹成亲，生下一个肉坨怪胎。山神土地说像牛肚、羊肚，要煮了吃；女神依窝巴却说是人种，遂将它砍成一万多块，撒在大地上。

有学者认为怪胎应是原始人眼中的太阳，作为人种又是男性生殖器的隐喻。原始人类常常把太阳与春天相联系，与人的生殖器相联系，故跳马结队巡游的目的是迎接温暖的阳光，迎接万物复苏的春天。

烧老爷与杀神祭。跳马活动结束之际，举行送土地神的同时，要对老爷进行审判。一梯玛扮审判官，一梯玛则替老爷答话，大致情节如下。问："今年年成好不好？"答："年成十二分好。"问："人民是否安康？"答："人民安康福长。"问："人畜是否兴旺？"答："人畜兴旺发达。"问："人畜可有瘟殃邪气？"答："没有瘟殃邪气。"至此，老爷已有不耐烦的情绪，拒不作答。审判官便怒斥他为糊涂官，下令重罚八十大板，众齐声怒吼，把他烧为灰烬。

这种审老爷、拷老爷、烧老爷的情节，令人大惑不解，认为有悖敬神的宗旨。其实，在原始社会，部落酋长由族人推任，倘若酋长不称职，甚至由于渎职给部落带来重大危害，族人可以将其烧死，另行公推。此是杀神根源之一。关于杀神另有一种解释，即让这位被杀之神带走人间的灾难。古希腊的"酒神祭"有此仪式。平日公养一些出身穷苦者，让他们吃饱喝足，充分享受。一旦瘟疫流行，便让他们穿上圣衣，装扮成神，遍游各地，表明全族的灾难落在他一人头上，然后推出城外，用石头砸死。人们深信，这位死神已将人民的灾难带出人间。这种祭仪在西方古代农神节和狂欢节中经常可看到。

土家族地区在求雨活动中也有捉神、杀神的仪式，如"捉龙扛雨"。

其目的是用这种极端的手段，让玉皇大帝看到人间的灾难与疾苦，逼着他怜悯百姓，普降甘霖。通观中外古祭，跳马中的烧老爷属杀神古祭，具有禳灾祈福的意味。

土家族跳马仪式保留着远古时期诸种习俗，如许马、烧马、女巫参祭、结队巡游、杀马和杀神等仪式，均属远古遗韵。它反映了那一时期人们的宗教信仰与精神寄托，对研究中华的文明进程具有宝贵的史料价值。

现将印度"马祭"简介如下，以供大家阅读，比较与中国裯祭有何异同。

马祭，是一种高规格的祭祀，是印度吠陀时代的一种重要仪式。传统上，其通常由国王亲自主持，向生主和因陀罗求子的祭祀仪式，仪式长达数月之久。后来演变成国王为了获得上天对其王位的肯定的仪式。仪式的开始由婆罗门导师进行选马的仪式，挑选最优秀的马匹，让马进行斋戒、沐浴并点燃祭火。数天后，国王带领全国的精锐武士整装待发，在黎明时，由婆罗门解开马的缰绳，将祭马向东放行，让这匹圣马在大地上自由驰骋，而国王的武士则紧跟其后，那马所经过的地方如是本国的领土则要求当地百姓举行祭祀，如是敌国的土地，国王将指挥武士们奋勇杀敌，直到敌人臣服，或是国王战败。

无论走到哪里，如果国王在一年间，能征服祭马所到的大部分地方，即表示国王受到了天神的祝福。直到有一天婆罗门说："止！"国王才带领部下满载回朝，然后杀此马祭神，大宴天下。

二、梯玛马神祭典之说

已故湘西州原副州长田荆贵等人编著的《中国土家族习俗》中，对土家族梯玛作了如下精辟的解说：

"梯玛"是土家语的译音，意为敬神的人。汉语方言称之为"土老司"，有的也叫"端公"。

土家语中的"梯"，意为敬神，"玛"与"卡"（毕兹卡、帕卡）一样，是人或人们的意思。如土家族人指挖土人为"里嘎玛"，犁地人为"里切玛"，读书人为"此土玛"，当干部的人为"煞日玛"等。因而，"梯玛"并非"马氏族之神女"或别的什么意思，而是土家族人对本民族专门从事祭神活动的人的特有称呼。

图 2-10　梯玛祭祀队

土家族人认为梯玛是人神合一的统一体。他既是神的代言人，能够对人转达神的旨意，又是人的代言人，能够"面神"表达人的祈求，为人排忧解难、消灾除病和保佑人丁兴旺。因而，梯玛在土家族人的心目中有着十分重要的地位。新中国成立前，土家族聚居地极为盛行梯玛法事活动。新中国成立后，这一活动被视为"迷信"被明令禁止。但禁而未止，在穷乡僻壤，深山老寨，梯玛仍然有一定的活动市场和群众基础，不仅仍隐秘地断断续续地为一家一户进行法事活动，而且，在土家族重大的民族节日中举行摆手歌舞活动时，仍离不开梯玛充任掌堂师或组成梯玛队，由他们组织摆手歌舞活动的全过程。

梯玛法事活动，土家族语称"月日"，主要有"还愿"和"解结"两种形式。"还愿"土家语叫"服司妥"，内容多，时间长，规模大；"解结"，土家语称"杰洛妥"，内容较少，时间短，规模小。还愿，是梯玛以户为单位进行的较大规模的法事活动，旨在酬神、谢神，为人消灾除病和赐以子嗣。即某人或某家在上年将自己所求之事（治病、消灾、求子等）告知神的化身——梯玛，请求梯玛施行"神术"和祈求众神灵保佑，发愿谢神。待除病、消灾或生育子嗣见到效果之后，当事人或户主便于下年请梯玛行"还愿"活动，以谢神。

湘西州少数民族古籍办土家族学者彭荣德先生，在 1989 年观看古丈县太坪村首次恢复土家族跳马节之后，写了题为《土家族的跳马节》的文稿，图文并茂地登载于《民俗》杂志 1990 年第 2 期上。他的观点是："像跳马节这样气势磅礴的祀马神的祭典，既不多有，也不多见。"当然，他还讲述了跳马中其他的有关内容。现将全文转载于下，以供大家探讨。

土家族的跳马节

在土家族的诸多巫祀活动中，"马"十分活跃。土家巫师自称"梯玛"，便是以马而名。梯玛，可汉译为马巫，即马族之巫或以马作通神的坐骑之巫。龙山坡脚、保靖比耳一带的梯玛还别称马轭，即行马者。苗市一带的梯玛还别称马哈，即驾马者。巫师——梯玛作祈禳之祭、驱邪之祭、求嗣之祭、送亡之祭、赎魂之祭、打胎之祭等，其祭马、歌马、舞马，确实是"马"味很浓。但像跳马节这样气势磅礴的专祀马神的祭典，既不多有，也不多见。笔者陋闻，仅见古丈县太坪村尚存此习。它虽也属土家祈禳节，本族称为"舍巴日"，但确独具特色。它的发现，为研究土家祈禳文化丰富了资料。

许愿·酬神

跳马节属公祭，其因也由事关公众利害而起，如久旱不雨，或蝗灾猖獗，或人畜瘟疫流行等。当地方灾祸连年不断，做尽了各种禳解之法，但是皆不灵验时，这才由巫师许愿"跳马"。

许愿，是求马神禳灾赐福，待时运真的好转，岁丰丁旺之际，便设祀"跳马"以酬谢。许愿，即许诺。

酬神，当然是丰收之岁举行，一是马神最灵验，二是丰年才有酬谢能力。一场"跳马"，其资源由寨民公众筹措，但耗费颇巨，尤其是届时各家亲朋好友都来庆贺，非岁丰之年，谁也招待不起。

报客·扎马

酬神跳马的时间，在岁初的第一个马日。筹备工作分两大项，一是报客，二是扎马。

祭日的前几天，各家自去告诉自家亲友，名曰报客。若几家亲友同在一条线路或一个村寨，亦可公推一人代报。土家一般以同姓世家聚而为村，代报最是常事。届时凡来贺者，必备祀品，一般为糍粑、糖糁、钱币等。集村而来者，还燃放鞭炮，甚或带着鼓乐、龙灯、狮子灯。礼品送各家亲戚，接待亦归各家亲戚。

扎马系巫师们的事。巫师扎马之时，必在一隐蔽之所，不到祭日，任何人不得窥视，当然，谁也不敢去犯禁。马至少要扎五匹，多者可八匹。扎马以两截竹篾为前后身，中间隔两个篾圈，以使人身能穿过为度，届时人在其中，作骑手。马头、马颈皆以篾扎架，糊白纸作白马，糊黄纸作黄马，染黑色即作黑马。马身披上布段，近地为度，以遮住骑马者腰身以下而勿露马脚。同时，还要纸扎一老爷，其状似坐在太师椅或敞篷轿上，两边绑以竹杠，以供届时役佚抬着游行。同样，未届祭日，谁也不能见老爷，此亦为大忌。

祭神·抢贺

至祭日，以溪河边较宽敞的沙坝为跳马坪。黄昏临近时，巫师领队入场。所带彩旗，插于四周。坪中置一大方桌为神坛，桌上置供品、杯、盘，燃烛焚香，巫师念咒请神。先杀大肥猪一头，以生血、生肉祭之，再端来几碗熟肉，是谓"先交牲，后上熟"。

一待祭祀完毕，鞭炮响起，是为信号，只见早已列队候在溪河对岸的邻近村寨前来祝贺的数条巨龙，数头狮子，一下子跃入水中，奔跑而来，是谓"抢贺"。据说谁抢在最先便能得神庇佑。届时龙腾狮跃，水花四溅，鼓锣骤响，万众呐喊，煞是壮观。

值得一提的是近邻苗寨也结队来贺，气氛融洽。其实土家族、苗族是早有姻联，彼此之间亲密无间。尤其引人注目的是几个背小伢儿的苗族妇女，手拿捞虾的三角网兜，腰挎盛虾的篾篓，届时将穿行于众人之中，作捞虾之舞，把亲密无间的场景，展现得淋漓尽致。

稀可乐

稀可乐，土家语，直译为杂古笼统。用在此时即为所有的表演、游艺都同时进行。苗族的捞虾前已说过，此外还有土家春祭最具特色的摆手舞、闹春牛、打粑粑、打溜子、吹木叶、盲人算命、钓鱼、舞龙、舞狮、武术等。凡有技艺者，凡喜欢表演者，都可混杂其间，尽兴表演。此时，跳马坪中燃起数堆篝火，无所谓主宾，无所谓观者，几乎人皆歌之舞之，各得其乐。

其实，这"稀可乐"的本意，乃娱神也，后人却以为是自娱，殊不知所谓自娱必须寄生于娱神这个载体之上。

抬老爷·审老爷·烧老爷

抬老爷是稀可乐中的一项活动。届时由两个役夫抬着老爷，四个役夫在旁边吆喝开道，在人群中随意穿行，那一阵阵、一声声的虎吼，似乎在抖威风。

主祭巫师看着稀可乐玩得差不多了，便令役夫停住轿，由他来审老爷。此时，场内一切活动停止，所有人都屏声敛气地围而观之，这似乎已靠近跳马祈祷的主题了。审老爷由主祭巫师发问，一人扮老爷作答。问的是年景如何？遭旱怎么办？瘟疫如何避？等等。答到后来，老爷无言以对，主巫怒曰："当老爷办不了事，要你何用？打！"于是众役鞭挞老爷百数。主巫又令："烧！"在人的呼呵声中，老爷即被投火而焚。

此俗为我们提供了一个远古的重要信息：二家曾有过酋长公推制，而当公推出的酋长不能尽职时，即被人们焚而作祭。

跳马·烧马

跳马虽近尾声，但此刻才是高潮。在稀可乐的全过程中，众马皆陷伏于密林之中，待烧老爷结束，鼓乐声鞭炮声猛起，众马冲入人群跑进场来。绕场数周，圈定场地之后，便开始跳马（赛马）。跳马先在原扮者间举行，从跳马坪一头向另一头作赛马状。因负荷颇重，羁绊亦多，跑来并非易事。随后换人，可主与宾，可宾与宾，可寨与寨之间比赛。跳马其间，鼓乐声不息，炮火声不断，吆喝声不绝，用时颇长。

跳马结束，将马具堆放一起，巫师燃香焚纸，念动咒语，而后将马具一把火烧尽，是谓送神。

此后，众人各归其家，虽夜深，多不歇息，男女对歌，通宵达旦。

三、瘟灾禳解之说

早在 20 世纪 40 年代初，苗族学者石启贵先生所著的《湘西土著民族考察报告书》中，就有跳马有关记载："所异者，尚跳马之敬神也。如地方突起人畜瘟疫、虫蝗旱灾，其他禳解无效时，方叩许此之神。不能即时酬还，必待岁丰之年，始酬祭之。……"石老先生有关跳马的记述，是我们查找到的最早的一个关于跳马的版本。它为我们恢复跳马节和非物质文化遗产项目古丈跳马节的申报，提供了有力的文献支持；同时，又为《古丈跳马》一书的编写，增强了信心。石先生最后还交代："此地苗民，虽有跳马之俗，然数十年来，未闻跳马之举。"编者考察所得，姑且记之，备为后人参考。

当时，正值中华民族抗日战争进入相持阶段，兵荒马乱，人们根本不可能举行跳马活动。然而，抗日战争胜利后的 1946 年和 1948 年，还举行过两次跳马活动。故此，石老先生仅是考察、采访，姑且记录下来，为后人参考。他没看见跳马，更没看见许马。明眼人会发现，跳马节前的许马时间，是土神的生日农历二月初二，这是雷打不动的。而石先生提出是在瘟疫、灾害发生之后，似有矛盾。一般人畜瘟疫、虫蝗旱灾，常常发生在春、夏之际，在其他禳解无效时，才叩许（许马）。显然，许马是在瘟、灾还未停止之时，而农历二月初二许马是在未发生瘟灾之前，二者有差距。这又是何因？土家跳马确实有祈祷消除灾殃之内容，至于许马时间上的差异，并不奇怪。凡一种习俗的产生，必然经过"初始—调整—定型"这一发展过程。二月初二许马，是提前许愿，确保全年无灾无难。

此外，三峡大学教授、硕士生导师陈廷亮先生，多次来古丈收集跳马民俗资料，并应邀参加马年（2014 年）正月初四（2 月 3 日）太坪村跳马节活动。应邀的还有三峡大学采访团队及武陵网总编辑朱峰等人，他们还参与正月初五古丈县城迎春文艺活动，与太坪村跳马队及春节文艺表演队合影留念。不久，陈老师偕女儿陈奥琳（三峡大学艺术学院教师）专程来古丈县太坪村进行跳马节的实地调查，湘西土家族苗族自治州古丈县文化旅游广电局伍秉纯陪同一道前往。陈老师是湘西龙山县人，土家族，对土家族历史文化颇有研究，特别是他精通土家语，对热溪有关地名以土家语为依据进行了解读。陈老师有关土家跳马的文章，将在后面同大家见面。

第 ③ 章

跳马神祇

第一节 祭祀祖先

土家人勤劳、质朴、聪慧，讲团结。他们崇拜祖先，信仰多种神灵。土家族认识自然经历了万物有灵、图腾崇拜、巫术等过程，后逐步发展为多神崇拜，尤以祖先崇拜为主。此外，他们还信仰与自然、劳动和生活相关的神灵，如信奉猎神、土地神、四官神（牲畜保护神）、五谷神等。

图 4-1 神龛

思念祖先，崇拜祖先，是我国各族人民的思想信念。作为中华民族大家庭的一员，土家族人每逢重大民族节庆，都要祭祀祖先。他们家中大多设有神龛。

一、祭祀八部大王

土家族视八部大神和向王天子为本民族共同的远古祖先。因而，在土家族聚居地区大都建有八部大神庙和向王天子庙。八部大神庙供奉的是"八部大王"。向王天子庙供奉的是"向王天子"。据传，二者都是土家族的远古祖先。"八部"即八个部落，"八部大王"即八个部落的酋长。酉水北岸的首八峒八部大神庙碑文记云："首八峒历汉、晋、六朝、唐、五代、宋、元、明，为楚南上游。故为八部者盖因威震八峒，一峒为一部落。"民间传说八部大王系熬潮河舍、西梯佬、西呵佬、里都、苏都、那乌米、拢此也所冲、接也费也那飞列耶八人，是一母所生的孪生兄弟，只因出身时长相奇特，被其父弃之荒野，受龙乳哺喂、凤羽温暖长大成人，因而神力无穷，本领高强，后报效朝廷，立下了汗马功劳。黄帝恐八兄弟久居京城，对己不利，于是便封八兄弟为八部大王，遣其回乡各管一峒。

"向王天子"亦是古代部落的酋长。民间传说中，说是巴氏子务相。八部大王、向王天子带领土家族的先民，抗击外来的侵扰，抵御灾害的袭击，分别开发了酉水流域和清江流域。其功勋卓越，名垂青史，因此，后人广修庙宇，将其当作族神而千秋祭祀。首八峒八部大王庙对联云："勋优垂简篇驰封八部，林爽式斯土血食千秋。"清江流域亦有"向王天子吹牛角，吹出一条清江河"之说。故此，酉水流域的土家族便于每年正月初九至十一，在八部庙前，举行盛大的摆手歌舞活动，隆重祭祀八部大神。而清江流域的土家族则在每年的农历六月六日，舟楫排筏全部停航依港，虔诚纪念向王天子开拓清江之功。

二、祭祀土王

土王即土家族的历代首领，亦是全民族的祖先。元代，实行土司制度以后，被封建王朝册封的湘鄂川黔边境土家族地区的土司王，均由土家族首领袭职，故而，土司王亦被称为"土王"。因为土司一方面"受朝廷之节制，完粮赋而不食俸禄，听征调而不用军饷，则世袭官，世袭地"，是独霸一方的统治者——"土皇帝"。他对土家族人具有"杀人不请旨"的特权。另一方面，又是集土家族的族权、神权于一身，加上有的土司王确实有德于民，有功于国，得到土家族人的崇敬。所以，土家族人将已故土司王也奉为神，称为"土王"。这种敬奉既有畏惧而迫不得已的顺从心理，也有崇拜，而心甘情愿的自发成分，久而久之，相沿成习。

图4-2　梯玛

在中华人民共和国成立前，土家族地区一般较大的村寨都建有土王庙或土司祠，以供奉土王，并兼作摆手堂。而今，土王祠（庙）除少数仍然屹立之外，大多只留下荡人心扉的传说和模模糊糊的遗迹了。改革开放以后，民族文化复兴，一些地方重新修建摆手堂，进行摆手歌舞活动。

在土王祠（庙）中，大多供奉"彭公爵主""向老官人"和"田好汉"三人，也有的供奉本地土王。在被供奉的土王当中，向老官人的事迹流传最广，几乎是家喻户晓，妇孺皆知。相传，向老官人能说会道、幽默诙谐、机智勇敢、法术高强，有一身了不起的本事。

土家族人祭祀和敬奉土王的主要时间，是在举行摆手舞的前后，在摆手舞的开头一段是祭祖，祭祖的同时要祭土王。然后，到摆手堂中，按摆手舞活动内容依次进行，故有"相约新年同摆手，春风先到土王祠"之诗句。

此外，土家族人在逢年过节行梯玛法事时，都要敬奉土王。土家族摆手活动，亦称舍巴日（社巴节），在湘西龙山、永顺、保靖、古丈等土家族聚居的中心村寨，均建有土王祠或摆手堂，为土家族进行祭祀和摆手娱乐活动的场所。有的在农历三月或五月举行，故又称"三月堂"或"五月堂"。古丈县田家洞地区是在农历二月立春后"五戊逢社"之社日举行，称为"社巴巴"。但是大部分地区是在正月间举行。清末文人彭勇行一首竹枝词，对田家洞舍巴日活动作了如下描绘：

> 田家洞畔社场开，
> 姊妹双双赴会来。
> 一尺云鞋花满口，
> 也装莲步入歌台。

清光绪《古丈坪厅志》中记载："土俗各寨，有摆手堂，每年正月初三至初五初六夜，鸣锣击鼓，男女聚集，摇摆发号，名曰摆手，以被不祥。此旧俗，今亦不见有此堂。"

摆手舞活动所祭神祇经历了一个不断整合演变的过程。叶德政老师在《关于摆手舞的几个问题》一文中，有如下记述："土司们充分认识到民间祭仪对土民的奴化与凝聚作用，利用一次远征的胜利机遇，对各类祭典进行了整合。其一，对'八部'祖神的利用。在庆贺仪式上，祭祀八部大神，并不会引起各姓之间的反感。因为在民间，人们相信八部祖神是他们的共祖。但'八部'祖神并不能体现各土司至上的权威和无限的尊荣，也不能一一对应彭、田、向三大姓的祖先。因此，以彭、田、向三姓人口为主体的永顺、龙山、保靖、来凤等地的土家族在摆手祭仪的发展中，不断进行了偷梁换柱，特别是摆手祭仪区域化发展之后，彭、田、向三土王逐步替代了八部大神，成为摆手祭祀的对象。这种替代，既是对远古八部祖神的承继，又是三姓之间政治力量均衡调和的结果。其二，是吸纳了历史悠久的军前舞。因为军前舞的舞蹈动作嵌合了征战胜利后庆贺的宏大场面与要求。其三，将民间祝殖、丰产巫术仪式纳入庆贺仪式中，因为，这种祝殖与丰产巫术仪式是最具普遍性的民间仪式。原来祝殖与丰产巫术仪式中所祭之土地神，此时已处特别尴尬的境地，它虽是一方土地的保护神，但与土王和祖神相比，在整合的摆手祭仪中，只能处于配神的地位，而被置于摆手堂之旁。"

然而，古丈田家洞舍巴日所祭祀之神祇，仍然是社菩萨——社神，社神即土地神，这与热溪跳马所祭祀的土地神一脉相承，这又是何故？

第二节　祭祀土地神

　　"社"即土神，"稷"为谷神，古代君主都祭祀社稷，后来就用社稷代表国家。土神与谷神是在以农为本的中华民族最重要的原始崇拜对象。

图 4-3　土地神夫妇

图 4-4　土地庙

　　在中国民间，土地神也被视为财神与福神，因为中国民间相信"有土斯有财"，因此土地公就被商家奉为守护神。据说他还能使五谷丰收，因此，很多人就把土地公迎进家里祭拜。一般家庭的厅堂五神中必有土地公，家中没有供奉土地公的，也在每月的初二、十六，在家门前设香案、烛台、供品祭拜。不过一般农家是每月的朔、望两天，也就是初一和十五祭拜土地公。

　　土地神源于古代的社神，是管理一小块地方的神。《公羊传》注曰："社者，土地之主也。"汉应劭《风俗通义·祀典》引《孝经纬》曰："社者，土地之主，土地广博，不可遍敬，故封土为社而祀之，报功也。"清翟灏《通惜编·神鬼》："今凡社神，俱呼土地。"

　　老百姓认为土地公很老实，一年到头总没有什么吃的，就在每年农历二月初二煎荷包蛋送给土地公吃，并把每年这天定为土地公的生日。

农历二月初二，农家户户都舂冬米粿，并用手捏成圆饼的形状，有大有小。每块粿面印有瓜果和稻穗状等花纹，以象征兴旺吉祥有财气，俗称"土地公粿"。并备好牲醴、酒馔、果品等，焚香，虔诚致祭于家堂供奉的土地公神位，以祈福报功，求赐五谷丰登，六畜兴旺，招财进宝，合家平安。

人非土不立，非谷不食。土能生万物，养育人类，繁衍生息，其功德无量，被人奉若神明。当今习俗雕塑或绘画土地公像，大多数是白发髯髯，右手拿着龙杖，左手执元宝，又称"老土地""后土"和"社公"。他既执掌土地行政，又兼理财务。我们常听到"赚土地公钱""土地公送钱"之类俗语，说的就是这个意思。以往人死后，上山挖墓地，要向山神土地压纸钱租山，出殡行列中要抛撒纸钱买路，进葬时，先以酒馔，然后金纸焚香奉献，以求佐理亡魂引渡安息之事务。可以说土地公集"地政、财政、德政"于一身，职责之重要可见一斑。

土地神也是道教神话传说中知名度较高的神之一。他是一方土地上的守护者，所以关于那方土地的事，土地公都知道。作为地方守护神，尽管地位不高，却是中国民间供奉最普遍的神。以前为土地神建立的神庙几乎遍布每个村庄。

通常土地神是以一对老年夫妻的形象出现，男的称为"土地公公"，女的称为"土地婆婆"。对土地神的崇拜实际上来源于古代的土地崇拜，后来，这种自然崇拜开始走向人格化，逐渐出现了一些真实的人物形象来充当这一角色，被人们称为"土地爷"。

在中国各地民间文化中有无数的土地神，一般为他们建立的神庙规模很小，被称为"土地庙"或"土地堂"，里面供奉并排坐着的一对老年夫妻。到了明朝，人们对他们的崇拜开始兴盛。据说明太祖朱元璋就是在土地庙里所生。

《礼记外传》称："国以民为本，民以食为天，故建国君民，先命立社，地广谷多，不可遍祭，故于国城之内，立坛祀之。"《礼记·祭法》篇注称："大夫以下包士庶，成群聚而居，满百家以上，得立社。"《汉书·五行志》又称："旧制，二十五家为一社。"由此可见，所谓社，就是地方最小的行政单位。中国先民因"土地广博，不可遍敬，故封土为社而祀之，以报功也"。所以以社为单位立庙供奉的土地神又叫"社神"。

古代对土地的崇拜和对天帝的崇拜，具有重要的意义。祭土地是上至王公贵族，下至平民百姓一年中的大事。先秦时期社神地位极高，祭祀典礼也由天子或各地行政长官主持。

据考证，南宋之前土地庙里只供奉着土地公，而南宋之后，土地庙中则配有土地婆。这个习俗沿用至今。现许多农村土地庙里都供奉着土地公和土地婆。但有些地方的庙宇却只有土地公。例如：古丈热溪土地堂里供奉的是土地公一人，而坪坝镇旦武营供奉的是土地公和土地婆的木雕像。吉首乾州古城街道上，每隔一段路都立了一个小土地堂，可能是按姓氏家族所立的。其中胡家堂立的那座土地堂最大，最气派，但未见土地菩萨，里面只看到一个精致的小窗格。一问当地人，他们说，土地菩萨在地下居，不能让人看到，故摆设在窗格子后面的阴暗处。自东晋以后，随着封建国家从中央到基层的官僚制度的逐渐完善，土地神在道教神阶中也逐渐等级化，退变细化为管理本乡本土的最低级的小神。如《搜神记·卷五》称广陵人蒋子文因追贼而死，死后化身为土地神，并显灵说："我当为此土地神，以福尔下民。"这里所指的"福尔下民"，就是指保佑本乡本土家宅平安，添丁进口，六畜兴旺，并且为百姓主持公道。古时人们把延续香火当成家族中的一件大事，因而对土地公与土地婆推崇备至，经常到土地庙祭拜，祈求土地公与土地婆送子送福。如果一家人在过去的一年有添丁的，那么就要在第二年春节期间抬着土地公与土地婆的神像游村，一方面表达添丁之喜，二来答谢土地公与土地婆对自己家的恩赐。此外，在中国民间，除了游神外，在元宵那天还会点灯摆酒。因"丁"的谐音，"点灯"有"添丁"之意，故点灯摆酒来庆贺。

也有另外一种说法，认为土地公与土地婆是掌管地府行政的，除了保护乡里安宁平静，同时隶属于城隍之下，掌管乡里死者的户籍。在中国许多地方都有这样的习俗，认为每个人出生都有"庙王土地"即所属的土地庙，类似于每个人的籍贯。一个人去世之后，道士做超度仪式时，都会去其所属土地庙作祭祀活动。或者是新死之人的家属到土地神庙，禀告死者姓名生辰等资料，以求土地神为死者引路。到庙后，长者上香后取出年庚帖，对着神像报告说："生从地头来，死从地头去，时辰念给老爷知。"通过这种方式让死者到土地神那里报到，并由土地神引领其踏上轮回的道路。

此外，土地爷还管理人间婚姻大事，电影《天仙配》一节中，就有土地公从一棵古树中幻化成一位月下老人，为董永和七仙女主婚、证婚，一时传为佳话。由此可见，土地神统管人间的生老病死、衣食住行、婚丧喜庆全部大事。

我们知道，古丈是个"九山半水半田"的山区小县，境内层峦叠嶂，森林密布，沟壑纵横，实为险境。这儿更是多民族接合部，语言复杂，习俗各异。历经战乱的土家向氏鲁氏族人，筚路蓝缕，孤军深入汉族与苗族地区，创建家园，求的是风调雨顺，人畜兴旺，国泰民安。他们并未忘记他们的祖神八部大王和土王，更是忘记不了他们的祖先向老官人和鲁力嘎巴。然而他们迫切需要生存下来，只能入乡随俗，将跳马的神祇义无反顾地更改为土家、苗、汉各族人民共同信仰的土地神。聪明的向、鲁二姓族人，一改旧制，在村口开辟土地坪，修了土地堂，供奉当坊土地神，并举行盛大的跳马祭祀和歌舞盛会，吸引成千上万的各族人民前来贺马，并观看和参加表演。他们将村边险要之地取名灵官坳，修了一座很气派的灵官殿。灵官是道教最崇奉的护法尊神，道教有五百灵官之说法。这镇守村子大门的灵官叫王灵官。王灵官赤面髯须，身披金甲红袍，三目怒视，形象极其威武勇猛，令人畏惧。王灵官为人刚正不阿，疾恶如仇，能纠察天上人间之事，除邪祛恶，不遗余力。正如殿外对联写道："三眼能观天下事，一笔惊醒世间人。"他们将悬崖上的危岩，取名为"铁链绚岩"，以威慑来犯之敌。他们将寨旁一小溪，取名为热溪，寓意热热闹闹、和和平平过日子。不过，他们在祭祀土地神的唱词中，还是将列祖列宗有关神灵，一并请来，共同观看跳马演练和歌舞表演，并焚香祭奠，以达到人神共娱、皆大欢喜的结果。

我们要为热溪向、鲁二姓族人拍手称赞！他们返璞归真，崇敬大自然；他们入乡随俗，顺应民意，与苗、汉各族人民和睦相处。**同敬土地神，共建美好家园。**

第四章

跳马程序

自古以来，古丈县热溪村寨，广泛流传着这样一首民谣：

> 热溪土蛮有古根，
> 不等三年装马灯。
> 两个纱篓来作嘴，
> 一床被单盖脚裙。

这首民谣，言简意赅地告诉我们，土家族跳马不是每年举行，而是三年左右才举行一次。他们所扎制的假马（阴马）也十分简单实用，把纺纱织布用的两个纱篓连接起来，做成马头马颈，画上马嘴马眼，再用一床被单搭在外面，作为马皮，盖住骑马者的脚边，即可进行跳马舞表演了。

土家族跳马祭祀属于地区性连寨之祭，从时间上来看，应是节日性祭祀，通常要先在农历二月初二日许马，腊月择日，正月扎马，马日之前要开展社戏、贺马、调年、操旗、稀可乐表演，马日凌晨还有出马、祭神、跳马、烧马的环节。与此同时，还表演抬老爷、审老爷、烧老爷等节目，真是内容丰富，包罗万象。目前，我们所看到的跳马表演，是将马日前夕所进行的各项表演，以及鸡鸣报晓后马日凌晨出马、跳马等节目，压缩到两三个钟头来进行的；其时间，也并非马日，而是根据需要，任何时间任何地点均可以进行，不必择日，更不必许马。

土家族自古是个能歌善舞的民族，千百年来长期积淀形成的文化有机地融汇到原始礼俗中，具有神秘瑰丽的楚声遗韵。而这背景下所形成的古老的以酬神还愿为目的傩坛戏，以祭祖和传统歌舞表演为主要内容的摆手歌舞和毛古斯，深深烙印在人们心中。土家跳马正是与传统的还傩愿、摆手歌舞和毛古斯有着千丝万缕的联系，有着密不可分的渊源关系。土家跳马活动是特定的自然、历史、人文环境的必然产物。

跳马整个活动，是梯玛还愿迎傩神驱疫消灾祀仪的演变。傩堂戏的发展过程大体是傩、傩舞、傩仪，然后才产生傩戏。傩舞源于久远的蒙昧时期，先民们在同大自然、毒虫猛兽作斗争中，逐渐形成了化成虎面，在鼓乐声中奔腾呼号、冲杀跳跃的原始傩舞，其所模拟的鸟雀舞、猿猴舞、熊舞等颇为壮观。傩舞与傩这种驱鬼消灾的祭祀结合后，增加了祈求人兽平安、五谷丰登、缅怀祖先、劝人去恶从善，以及传授生产知识等内容。这就逐渐形成为兼备弘扬民族文化及娱乐性质的祭祀风俗歌舞。

古丈县是个历史悠久的地区，远在春秋战国时期，为楚率师袭巴之古战场。《古丈坪厅志·序》载："荆楚于春秋为强国，率师袭巴，灭之巴子列也。昆弟五偕奔五溪，分长溪蛮。"1984 年以来，古丈县白鹤湾楚墓群出土数百件珍贵文物，尤以铜铁兵器居多，可以想象当时战争之频繁、浩大、残酷。至于古丈坪地名的来由，也颇具风趣。"蔡苗椎牛伐鼓，会众赛神，祭后受福，各饮牛血，谓之吃牯脏。"《苗俗记》亦谓，地处万山之中，每多瘴病，数年一次，触之则不得生，乃于春之岁首，大宴亲族于宽坪，相与奏鼓驰驱，故名其坪曰鼓瘴。此数说者，或假其音，或因其俗，想当然耳。惟古仗场之说尤为有据。""古丈坪厅城冬季还傩愿，请巫师酬神，亦报赛之意。"（《古丈坪厅志》）由上可见，椎牛、吃牯脏、还傩愿等一类迎神驱灾祭祀活动，在古丈坪一带自古十分盛行。

"土家族信奉的神有傩神、八部大神和土地神等，作为一种宗教活动，这种原始信仰与社会生产活动、文娱活动及民族习俗是融为一体的。"（《土家族文学史》）远徙热溪一带的这支土家先民，可谓孤军深入苗区和汉区，且距治城古丈坪不远，原始的梯玛还愿等傩祀表演，在这巫祀活动十分活跃的地区很难找到众多的观众。失去观众，艺术难以生存发展。为使民族传统文化不至泯灭，得另辟蹊径。于是，大家将敬奉傩神公公和傩神娘娘，改为敬奉土地公公和土地婆婆；将单家独户求神许愿，变为群体连寨求神许马；将演傩坛戏酬神转化为以跳马为主的包括带戏剧因素的各种歌舞表演，献马、献歌、献舞、献艺，把人间之爱升华为人神之爱，从而达到赐福人们的目的。所以说，跳马是将"通神的坐骑"献给土地神的一项大型祭祀活动。

现在，我们将原始的跳马祭祀及其歌舞活动按时间顺序，分别进行阐述。

第一节 跳马前期各项准备

一、许马

　　土家先民避居深山老林，生产力水平极低，不能摆脱大自然的束缚，认识自然经过了万物有灵、图腾信仰和巫术等历史阶段。人们祈望风调雨顺，五谷丰登，六畜兴旺，国泰民安，于是向主管人间生死祸福的土地神许愿。土家认为马是最宝贵的礼物，唯有马才能充当祭品。农历二月初二，相传是土地神生日，届时由寨主领头，每户一人，抬着香纸蜡烛，在土老司（梯玛、巫觋）主持下，来至村头的土地坪，向土地庙中的土地菩萨许愿。先上牲，即抬着活猪以供；后上熟，即用猪头及全副杂碎热气

图 4-1　许马

图 4-2　祭品全猪

腾腾地敬献土地神。众人焚香、点烛、奠酒后，一齐跪下，磕头三次。膜拜完毕，掌堂土老司念念有词。

"抬头望青天，师傅在身边，来到当坊土地殿前……领受在前，保佑在后。千年毛猪一头，凤凰鸡一只，敬你老人家，保佑寨上清静平安，五谷丰登。今年年成好了，我们就跳马。现从六匹许起。阴阳隔纸不得相见，以玟为凭。"

玟（jiào）系占卜用的器具，多用竹、木片做成像蚌壳样的，掷在地上，看它们的俯仰，以此占卜吉凶，同时也是土老司沟通人神之间意愿的法器。玟亦可写成筊（jiào）或筶（gào）。热溪土老司用的玟有两种，一种用竹蔸削成，呈圆锥形，中空，外壳光滑，用土漆漆上，油光发亮；一种用黄牛角做成，尖端微弯，需经过锯、磨、雕等繁杂工序，是玟中之精品。在许马时，土老司就是用牛角玟进行占卜，以示对土地菩萨之虔诚，从而了解神灵的意愿的。玟有两片，举而掷之，如一俯一仰，为"圣玟"；若两片皆仰，为"阳玟"；若两片皆俯，为"阴玟"。一般寺庙，"圣玟"表示神灵认同，"阳玟"表示神灵还未决定要不要认同，"阴玟"

表示神灵不认同。按旧制，掷珓一般要连掷三次，三次皆"圣珓"，才表示神灵已认同了。

图4-3　安神掷珓

热溪土家人则与众不同，有独特的掷珓之规。他们认为，"阳珓"代表"天"，"阴珓"代表"地"，"圣珓"表示顶天立地的人，天、地、人和谐相处，才能风调雨顺，国泰民安。于是他们认定：三次分别出现"阳珓""阴珓""圣珓"，则表示神灵认同。

再看看热溪土家人是如何掷珓的。众人下跪不起，掌堂师念完咒语，从案台上取牛角宝珓，双手合十参拜后，将珓在点燃的香烟上绕一圈，然后轻轻往地上一掷，即为一珓。合掌谢过神灵之后，拾起地下的宝珓，再往地下一掷，如此连掷三次。一般来讲，接连三次出现阴、阳、圣三珓的机会是很小的。若连得阴阳圣三珓，意即土地神答应了；若没得，两匹两匹马往上加，每加一次，掷三次珓。直至许到十二匹马时，土老司才开口说："一年十二月，给你老人家谢个月月红。"若此时再拗珓，或把珓打竖了，需再许两匹马，此后就不用再掷珓了，这两匹马归领寨去扎。

除许马之外，还要许炮火（鞭炮），同样以珓为凭，十万响为限。许马仪式完毕，用一红布披挂在土地神头上。参加仪式的众人及村寨老幼汇聚在土地坪，共食猪羊盛餐，庆贺许马仪式大功告成。

二、择日

读者或许会问："土家族跳马既然定在农历岁首第一个'马日'，为何又有'择日'这一程序？"这里得从下面两种情况加以说明。一是下一年跳不跳马，二是何日跳马。

择日一般是在腊月间进行。倘若这年之内出现了蝗虫水旱，或人畜瘟疫，或兵燹匪患等灾害，导致粮食歉收，生活困难和社会动荡，根本无条件和精力举行跳马活动。因为跳马活动开支甚巨，且为乡民捐募。在此情况之下，村里头人邀约大家商议，推迟跳马活动，改新年后第二年再举行。

当然，这一决定，得向土地菩萨禀告。于是寨主与土老司一行数人，来到土地堂前，焚香烧纸，磕头禀报："当坊土地大人，今年年成不好，又遇天灾人祸，生活无着，难以举行跳马。故此，推迟在下年举行跳马以酬谢大人。"此时，同样要掷玟，以得一次"圣玟"，表示土地神同意了。未得"圣玟"，再掷玟，总有一次会出现"圣玟"的。这里要交代一点，推迟只能一次，第二年无论发生什么情况，都要如期举行跳马。

再说说跳马日的择定。天干地支，源于中国远古时代对天象的观测。"甲、乙、丙、丁、戊、己、庚、辛、壬、癸"称为十天干，"子、丑、寅、卯、辰、巳、午、未、申、酉、戊、亥"称为十二地支。十天干与十二地支依次按固定的顺序相配，有六十个组合，既为干支纪元法。从殷墟出土的甲骨文来看，天干地支在中国古代主要用于纪日，此外还用于纪月、纪年、纪时等。天干承载的是天之道，地支承载的是地之道。在天成象，在地成形，在人成运；天道地道决定着人道，故设天干地支以契天地人事之运。天地定位，干支以定时空，时空以定世界。万物虽长于地上，但是万物的荣盛兴衰都离不开天。十天干与十二地支的组合，形成了六十甲子，亦称六十花甲。十二地支还有相匹配的十二生肖，即子（鼠）、丑（牛）、寅（虎）、卯（兔）、辰（龙）、巳（蛇）、午（马）、未（羊）、申（猴）、酉（鸡）、戊（狗）、亥（猪）。"马日"即"午日"。午日一共有五个，即庚午、壬午、甲午、丙午、戊午。若遇上"戊午"日举行跳马，最为吉利。因十天干配五方，戊属中央，于五行属土，以戊代称土。"戊年"正是敬土地神的跳马日呀！况且戊之言茂也，万物皆枝叶茂盛。

跳马日为岁首第一个马日。然而，正月春节民间节庆活动丰富多彩，怎么将跳马与春节诸项民俗活动有机地结合起来，是一个需认真考虑的问题。土家族的习俗，腊月二十九要过"小年"；腊月三十，同全国各族人民一起过"大年"；除夕守夜烧旺火，大年初一过春节，正月十五过元宵，真是热闹非凡。

按历书所示，正月初一至正月十二日，总有一天要逢马日。如2018年农历正月第一个马日为正月初四"壬午日"，阳历二月十九日。若将正月初四定为跳马日，那么正月初一、初二、初三为马日前三天，都要举行文娱活动，特别是初三，为马日前夜，特别热闹，既要贺马、唱戏，又要操旗、调年、演稀可乐。初四凌晨，马日来临，还要进行出马、跳马、烧马等祭祀。然而土家人还有新年行亲走眷、回娘家之习俗，使跳马系列活动难以举行。怎样解决这一矛盾？聪明的土家人想了个两全其美的办法：凡是正月初一至正月初四为马日的，跳马日改为第二个马日，即正月十三、十四、十五、十六。正月初五至正月十二为马日的，不予更改，照旧举行。像2018年正月第一个马日为正月初四，则更改为正月十六第二个马日，而马日前一夜（正月十五）的诸项文娱活动，恰巧与元宵佳节相重合，当时现场是人山人海，通宵达旦。

三、扎马

扎马是跳马活动中重要的一环。马扎得像不像，雄不雄壮，灵不灵活，关系到跳马表演的艺术效果。扎马时间由跳马举行时间而定，一般安排在腊月末或正月初。扎马地点原来是在村子背后一里多远的一个叫大岩包的山坳上。那里有块大草坪，旁边是险峻的大岩包，岩下生就一个大洞穴，能藏八九个人。那儿阴风飒飒，走兽出没，实为不便之地。为了制作方便，后来就在这里先扎一匹马，而剩下的马通通改在村边一个偏僻的农舍扎制。再后来，大家又约定，改在离村寨较近的小溪（热溪）边的一个叫马扎冲的地方扎制第一匹马。那个地方离村200米，是个大岩洞，可容纳十多人，既能躲避风雨，又十分方便。按规定出马也改在这里进行。

扎马的费用，众人筹集，有钱出钱，无钱出力。人们因陋就简，用纱篓作马头马颈，用小挑篮作马身，用被褥作马皮，用枇杷叶作马耳，用粽叶作马尾马鬃毛，最后裱糊彩画，即成一匹威武雄壮的战马。这是最古老的扎马方法。马扎完毕，得挑选身强力壮的后生担任勇士，在村边不显眼的地方进行操练，做到动作熟练，不露破绽。

由于跳马结束前，所有马都要被烧掉，献给土地神，如今很难找到旧纱篓、挑篮，于是改用篾扎方式进行。扎马地点，也不苛刻，普通房屋前坪坝或操场，都可以进行扎马。其工序简述于下。

（一）伐竹、破竹

古丈热溪土地肥沃，满山遍野生长着挂竹、水竹、山竹。人们拿起篾刀，上山伐竹。竹有老嫩之分，扎马的竹子不能用一年生嫩竹，要用两年以上的老竹。老竹坚韧，扎制的假马不会变形。有经验的篾匠，只要用手握住竹竿摇一摇，就能判断哪些为老竹，哪些为嫩竹。将砍下的竹子剔枝、断顶，再锯成所需小段，抬回来备用。

破竹即用篾刀将空心的竹子破成两开，再一分为二破成四开，如此进行下去，直至所需的宽窄。如扎马的大骨架，需要二三指宽的竹条，而扎马细部的，破成筷子头宽即可。

（二）剖篾、刮篾、匀篾

剖篾就是去除黄篾留下青篾。黄篾较松软，不结实，应剔除，但不能废弃，有时还得用上它。黄篾是一层一层揭去，有"一黄""二黄"之别。青篾较坚硬结实，又有弹性，是扎马的理想材料。

刮篾就是将青篾条进行清理和刮制，使其光滑不刺手。将青篾从篾匠工具台的刮刀上慢慢擦过即可。

匀篾是将刮好的青篾条，按所需之宽度，剖成细篾条后，用匀刀进行最后处理，使之宽度一致。匀刀为两片坚硬刀片，钉在长板凳上，中间留有一定距离，一手将篾条按住，一手扯着篾条从匀刀中擦过，就成了一样宽窄的细篾条子。

（三）扎制

扎制是扎马工序中最关键的一步。扎马者必须对马的形态有全面的了解，按一比一尺寸，扎制成马骨架。中留一个孔，以便站人。马颈马头用细篾扎制，篾片的相接处，用麻索或纸条进行固定。除马的四只脚不要扎制以外，其余部分都要如同真马。

图 4-4　扎马

（四）披挂、彩绘

马骨架扎毕，就选择红、白、蓝、黑等棉布作马皮，将棉布用针线缝合在马骨架上。特别是马头马颈，制作要精细，缝合得要酷似昂头挺胸的骏马。如今马耳也用篾扎制，马尾用麻，马鬃用棕丝，这样看起来更像真马。

图 4-5　画马

图 4-6　披挂马皮

披挂完毕，开始彩绘。重点画出马的眼睛、鼻子、嘴巴等部位，要显得威武雄壮。马身彩绘较为精简，象征性勾勒几笔即可。彩绘者要有一定的美工基础，并对马的外形及神态有细致的了解。有时，还得找来一本《百骏图》的画册来作参考。现在智能化手机很普及，打开网页，很容易找到有关骏马的各种图案，画起来得心应手，十分方便。

（五）其他扎制

马扎成后，还要扎老爷和旗帜。老爷即地方官吏，扎得和真人一般大小，头戴乌纱帽，身着官袍，坐在一乘竹轿上。先用细篾扎头、颈、身子和四肢，用纸或白布缝合，再进行彩绘。老爷在跳马后是要烧的，故每次都要扎一个新的。

扎老爷后，还要扎万民伞。万民伞是旧时绅民为颂扬地方官的德政，特别制作的伞，即这个父母官，像伞一样荫庇着一方百姓，送的伞越多，表示这个官越有面子。制万民伞要做一大一小两顶。大的用竹做架子，用绸料来制圆顶，直径 1 米左右，伞边宽 50 厘米左右，低端点缀有 20 厘米长的丝织流苏，绸料为红色，流苏为黄色，中置一伞柄以供人抬举。另外，要制一顶较小的纸质万民伞，工艺与大的类似。因为在烧老爷时，原本是要将所有万民伞一并烧掉的。但因为那顶大的绸质万民伞造价较高，烧掉可惜了，得留着下次再用，于是就只将那顶较小的纸质万民伞与老爷一同焚烧。跳马所造的旗帜有几十面，有龙旗、凤旗、太阳旗、蜈蚣旗、三角旗、朝代旗等。这些旗帜有布制和绸制的。旗帜每年可重复使用，但烂的旧的需要更换，才制作新旗帜。特别是朝代旗，必须随朝代更替而变化，绝不能搞错。在普查中，我们曾发现过一面"咸丰"旗，此外还有团练旗等。

土家族自古就是一个具有家国情怀的民族，坚决维护国家尊严和统一，维护民族团结，故跳马时要打出当时朝代旗。如今是新中国了，于是就要制作一面五星红旗，位于众旗之首，以彰显土家族人民的爱国之情。

第二节 马日前夕系列活动

一、社戏

社戏是指旧时农村中春秋两季祭祀社神所演的戏，用以酬神祈福，一般均在庙台或野外设台演出。以前在文艺活动较为贫乏的乡村，看社戏几乎是最为欢乐的事。著名作家鲁迅 1922 年所写短篇小说《社戏》，就是描写作家少年时代在浙江绍兴乡村看社戏的欢乐情景，以表现对其故土的怀念。

古丈土家族地区，自古就流行傩愿戏（亦称傩堂戏），以酬神还愿为主要目的，古朴粗犷，源远流长。傩愿戏有傩堂正戏与傩堂外戏之分。傩堂正戏在主户堂屋傩神公公、傩神娘娘神像前表演，主要是娱神，讨神灵欢喜。傩堂外戏是在屋外搭高台进行演出，故又称高台戏，是给人民大众演出的，主要目的是娱乐。傩堂外戏后来逐步发展成为具有浓厚地方特色的传统戏种，如古丈盛行的阳戏，属湘西北路阳戏。"阳"是对"阴"而言的，傩堂正戏为"阴"，是给神看的，傩堂外戏为"阳"，是给普天之下老百姓看的，故称阳戏。古丈地方传统戏曲还有高腔戏、汉戏（弹戏）、灯戏（酉戏）、木偶戏等。而热溪村内，就有较为固定的高腔戏班，是由所里（今吉首）传来的，其源头应为浦市镇辰河高腔。

跳马节前三至五天，在热溪土地坪正对土地堂的方向，村民搭起戏台，日夜演唱高腔戏，招待四方宾朋好友，为节目的来临营造吉祥欢乐气氛。高腔戏的内容，多为历史故事及男女爱情，曲牌丰富，曲调高雅，以锣鼓、唢呐伴奏。表演有严格的程式和规范，服装鲜艳，深受百姓喜欢。他们还邀请附近村寨及县城的汉戏、阳戏等戏班，轮流在这里演出，共迎土家跳马节的来临。这些戏班演出的曲目，五花八门，既有《五台会兄》

《三顾茅庐》等帝王将相的朝代戏，又有《薛仁贵》《九龙山》等红花脸杀进、黑花脸杀出的武打戏；既有《山伯访友》《断桥会》等才子佳人的缠绵幽怨，又有《打鸟》《掐菜薹》等小家碧玉的脉脉含情。如此热闹场面，真不逊于鲁迅先生笔下的绍兴社戏，更像如今的传统戏剧会演。演戏的在演出过程中，互磋技艺，增进友谊；观众们则从剧情中了解历史，接受传统文化的熏陶，各得其乐。

图 4-7 社戏

图 4-8 演高腔戏

二、贺马

马日前一天下午，还要进行一场热闹异常的贺马表演。贺马，即祝贺土家跳马节。离热溪村较近的宋家若、毛坪、白岩、盘草、长潭等村寨的客家和苗家人，与土家早有姻联关系，彼此和睦相处。他们纷纷组织庞大的龙灯、狮子灯、武术队等贺马队伍，抬着用竹摇竿绞着的长串鞭炮以及三眼礼炮，在鼓锣声中浩浩荡荡向热溪村汇集。主人亦出动溜子队、操旗队，抬着老爷出寨迎客。宾主汇合后，一路炮火连天地向土地坪奔去。在土地庙前祭拜土地神后，两路人马绞在一起，呈现出龙腾狮吼、刀飞棍舞、旌旗猎猎、浓烟滚滚等场景，好一幅民族团结大画卷。

玩龙灯又称舞龙，是古丈县各族人民一种古老的民俗舞蹈，反映人民对龙的崇拜。龙灯身长约 20 米，由龙头、龙身、龙尾组成，各部分之间用布匹相连接。龙头扎制得精美、雄壮，龙身为篾扎龙节，龙尾如同鱼尾，可左摇右摆，十分灵活。龙皮为布匹，鳞甲为金黄色，闪闪发光。舞龙者由数十人组成，有耍龙宝、舞龙头、抬龙节、舞龙尾的，亦有龙前抬牌灯、花灯、鱼灯、虾灯的，还有龙后面打锣鼓点子和吹唢呐的，为舞龙的伴奏和指挥。舞龙有摆龙、滚龙两种。摆龙龙头高大，张口瞪眼，造型雄壮，左右摇摆，威风十足，适合挨家挨户拜年，扫除瘟恙邪气；滚龙制作小巧玲珑，节数较少，舞龙时能上下翻滚，腾飞扑跃，还能爬上几层高桌进行高难度表演，令人拍手叫绝。

相传龙是吉祥之物，故春节期间有玩龙灯的习俗。待到正月十五元宵节，又要举行声势浩大的钢火烧龙表演，最后将龙请下海，让它回到龙宫。中国是龙的故乡，中华民族是龙的传人，龙文化是中华民族重要的图腾文化，是中华民族自强不息的民族精神象征。所以，玩龙灯是贺马不可缺少的民间舞蹈。

狮子灯也叫狮舞，是苗族同胞喜爱的民族舞蹈，历史悠久，流传地域广泛，遍及湘西苗族聚居区，尤以古丈县盘草、万岩等地的舞狮最为出名。一般由两人蒙上布和毡毛制的狮服表演，一人在前面耍球引狮，一人

图 4-9 苗族舞狮

在锣鼓声中表演狮子的各种神态，或翻滚跌扑，或爬上四五层由桌子搭建的"一炷香"高台，进行高难度的表演，尤以"踩翻天印""背桌下跌"最为精彩。狮子为中华民族心目中的瑞兽，象征吉祥如意，舞狮活动寄托着民众消灾、除害、纳福的美好愿望，常常在贺马等集会庆典上为节目助兴。狮子灯又常与武术表演相结合，狮子队往往由武术队来护卫。武术队伍里有流星、挡耙、刀、叉、棍等兵器。舞狮由锣钹点子指挥，其打法如下：

‖: 匡卜　匡卜 ｜ 七匡　七卜七卜 ｜ 匡　　○ :‖

（匡为锣，七卜为钹）

狮子灯基本动作有擦毛、擦虱、打滚、降宝、扑桌、笑天、翻天印、下桌、拆桌、收灯等。特别是盘草狮子队技艺高超，1942 年，20 多人的队伍去乾州参加百狮会，其精彩表演被湘西王陈渠珍看中，特将该队接到军营中为官兵表演。省长何健闻讯还调他们去沅陵城舞了 31 天，给每人发"游艺员"胸章一枚，并奖励洋钞 100 元。

除有组织贺马队伍之外，还有许多前来看热闹的散客。他们有的来自县城和附近的村寨，有的来自乾城县的马颈坳和保靖县的葫芦寨等地。他们来到这儿，热溪的土家人一视同仁，不管认不认识，是亲非亲，都敞开胸怀，将他们一律接进家中，倾其所有，热情款待。村子里，家家户户宾朋盈门。餐桌不够用，就用大门板，在坪坝摆起长长门板宴。这长龙似的门板宴，从村子的这一头一直摆至村子的另一头，大家欢聚一堂，划拳碰杯，共庆土家跳马节。人们常以接待的客人愈多而感到愈荣耀，感到愈自豪。这真是：

> 摆起长门板，款待十六方；
> 来的都是客，酒浓茶亦香。
> 土家与苗汉，跳马聚一堂；
> 举杯话桑麻，国富民更强。

三、操旗

所谓操旗，就是旗手列队操练。以往的相关资料都写作"造旗"，似有不妥。顾名思义，造即"制造""制作"，是一门扎制工艺，而操旗是制好了各式各样旗后，旗手们举着进行操练。故此说明，在以后的文章中，都一律通用"操旗"。

马日前三晚（有时甚至前七晚）都要举行操旗表演。旗帜有正旗二十面，形状为三角形或长方形，颜色为红蓝黄绿等。最大的是龙旗和凤旗，三角形，绲边带丝，上绣龙和凤图案，十分威严。陪护旗十多面，为三角小旗，又称蜈蚣旗，为引马者所执。此外还有朝代旗，如之前提到的"咸丰"旗。操旗就是旗手们拿着各式彩旗，在锣鼓点子的指挥下，进行列队操练，其步伐有慢步、细步、梭步、快步、跑步等，队形变化多端，彩旗迎风飘扬，令人眼花缭乱。旁观者大放鞭炮，以示鼓励。傍晚，操旗队伍沿着村寨街头巷尾行进，类似现在的游行，最后来至土地坪，将操旗表演推向高潮。

图 4-10　操旗

　　操旗表演，似乎又与土家族举行摆手活动前的闯驾进堂有某种关联。参加摆手活动的各队伍列队待发，听到炮令后，便依序向摆手堂进发。将抵，则停止前进，由甲乙两队白龙旗手进行闯驾后方能进堂。其做法是：双方各选一彪悍后生，各持白龙旗相互绞裹，如乙方被甲方裹住，且挣脱不开，则甲方胜，由甲方先进堂。进堂时，鼓手击过"三十六滩"的鼓点，鼓声由慢而快、由轻到重，用音响效果陪衬出急湍的水声、河鹰拍翅声、众人过河上滩时的水声，生动形象地表现了土家族人民艰难创业的历程。但跳马节的操旗，没有"绞"的过程，因为只是本寨一路人马，没"绞"的必要了。

　　中国自汉代以后的袚祭，主要内容是以军旗为祭祀神祇，保佑可以打胜仗，而军旗的正式称呼就是纛（dào），为古时军队或仪仗队的大旗。由此可见，土家舍巴节中的绞旗和跳马节中的操旗，与古代袚祭有着一定的渊源。

　　现将《湘西民族民间舞蹈集成》中有关造旗（操旗）资料转载于后。

图 4-11 龙旗

造 旗 舞

一、简 介

"造旗舞"流传在古丈县的太坪大队等地，每年正月，在调年期间，造旗舞尤其盛行。力壮的土家族青年，在调年之前（多在吃晚饭后），旗手们便先到预定的调年地点，踏着鼓手所击出的节奏，耍旗舞动一番。土家山寨的男女老少听到了"造旗舞"的锣鼓声，都会不约而同地前往，有的还自动加入"造旗舞"的队伍，特别是少年儿童还自制小型旗帜跟着一起舞蹈。

动作有"细步""慢步""进退步""换位"等，跳时自由，流畅，舞蹈时精神抖擞，具有号召力，每个动作都可任意反复，主要是随击鼓者指挥变化。直到人们围成大圆圈，欲舞之势，旗手们才将旗帜靠于或插于调年场的四周，众人便跳起"调年摆手舞"。

二、音　乐

曲一

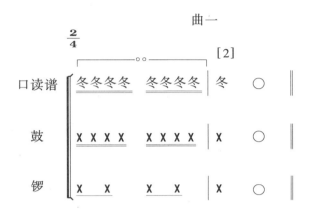

曲二

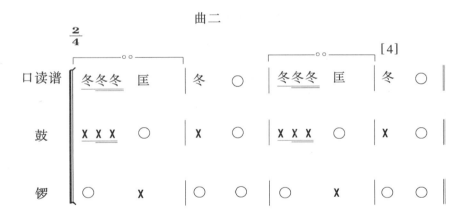

曲三

口读谱
鼓
锣

三、服饰道具

（一）服饰

各色便衣、各色便裤，同土家"摆手舞"服饰。

（二）道具

龙旗　　　月亮旗　　　太阳旗

三种色彩各异的旗，每人任选一种。

旗杆长3.3米，旗面长1.7米，宽1.5米。

四、基本动作

（一）道具拿法

左倾旗（图一）、右倾旗（图二）。

（二）单人动作

细步

做法：碎步，双臂屈肘于胸前握旗，旗面右倾抖动（图三）。

慢步

准备：小八字步，双臂屈肘于胸前握旗，旗左倾斜。

第一至第二拍，左脚迈一步，右脚跟上，成"左丁字步"，稍屈膝，同时双臂前推后拉一次（图四）。

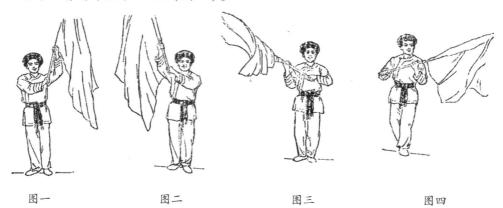

图一　　　　　图二　　　　　图三　　　　　图四

三步一退

准备：小八字步，双臂屈肘于胸前握旗，旗面左倾斜。

第一至第六拍，左脚在前蹉步三次，双脚，同时双臂前推后拉三次。

第七至第八拍，双脚小跳退步，双臂前推后拉一次。

（三）双人动作

换位

准备：二人面对

第一至第二拍，二人同时右脚迈一步，左转身二分之一圈，双旗交叉上举，并随身转动收回胸前，屈肘握旗，旗面右后倾斜（图五）。

图五

五、场　记

一人在台中击鼓，六人围鼓，踏着鼓点的节奏起舞。

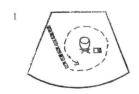

1　　　　打击乐一　〔1〕～〔2〕反复八次。六人成单横排，面向6点、7点之间做细步，从台右后出场左转一圈。〔3〕双脚原地右磨转半圈，同时左双晃手握左倾旗。

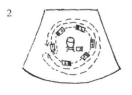

2　　　　打击乐一　〔1〕～〔2〕反复八次。又由1号带领右转走一圈，做细步。〔3〕反复二次，双脚原地左磨转半圈，同时右双晃手握右倾旗。

打击乐一 〔1〕～〔2〕反复八次，又由1号带领左转走一圈，做细步。〔3〕反复第三次，双脚原地右磨转半圈，同时左双晃手握左倾旗。

3

打击乐二 〔1〕～〔2〕反复八次，由1号带领右转走一圈，做慢步。〔3〕双脚原地向左磨转半圈。同时右双晃手握右倾旗。打击乐2〔1〕～〔2〕反复八次，由1号带领左转走一圈，做慢步。〔3〕反复第二次双脚原地向左磨转半圈，同时左晃手握左倾旗。打击乐2〔1〕～〔2〕反复八次，由1号带领右转走一圈，做慢步。

4

打击乐二 〔3〕反复第三次，六人原地小跳一次。

5

打击乐三 〔1〕～〔2〕反复六次，六人同时做进三步退一步的动作，重复三次。

6

打击乐三 〔3〕六人做换位动作，同时面向台前。

传　授　者：鲁明旺等
收集整理者：龙健珍　苏　璇
动作插图者：张昌礼

四、调年

清同治《保靖志稿辑要》称："正月初间，男女齐集歌舞，被除不祥，名曰摆手，又谓之调年。立秋日和春秋社日亦如是。"

清光绪《古丈坪厅志》载："每年正月初三至初五初六夜，鸣锣击鼓，男女聚集，摇摆发号，名曰摆手。以被不祥。"古丈县土家族聚居的断龙山镇田家洞一带跳社巴舞，是春社日举行的，群众又称跳社巴巴。当地至今还盛传一首古歌：

> 浦土泽下来断龙山，
> 走到田家洞去赶场，
> 热闹不过田家洞，
> 转来细塔看调年。

热溪村打鼓调年活动，是跳马节中一个组成部分。听当地老年人说，

图 4-12　跳调年舞

调年一般在土家族过小年这天，即腊月二十九日傍晚开始，正月初一结束，共三天，地点是寨口土地坪。凡遇举行跳马之年，则又要在马日前三晚进行调年活动，尤以马日前夜最为热闹。调年是紧接操旗进行的。土地坪中央，四张八仙桌拼作鼓台，两名锣鼓手伫立在上面，击打调年鼓。寨上老人穿着青色长衫，扎起腰带，带领青年男女，围着鼓台，摆手调年。天渐渐黑了，四根粗大的蜡烛被捆在鼓台四角，一齐点燃，为大家照明。陆续赶来的男女老少，自动加入队伍，在锣鼓声中围圈而舞，尽情欢跳。两人一组，面面相对，踢踏摆手，翩跹进退，扭腰旋转，刚健有力，大都跳些模拟农活的动作。舞姿矮健，粗犷大方，乡风浓郁。人们边跳边唱，表达对美好生活的向往，或向意中人表白爱慕。

现将石远鳌等人编写的《湖南民族民间舞蹈集成·湘西土家族苗族自治州资料卷》中有关摆手舞的资料摘编于下。

一、概　述

摆手舞的形式和特点，会根据土家族人民居住的地区不同，族系不同，生产方式的不同，而有所差异，摆手舞的场面比较庞大，所以舞蹈形式不能太繁杂，比较简单。首先一人在摆手堂中央，打锣鼓，然后很多人围绕着锣鼓，随着鼓锣节奏，一边转大圈一边跳摆。但也有的地方把鼓锣放置于一旁伴奏，两排对跳和摆出各式图案，男女老少都可以参加，纯属于群众性的集体舞蹈。

摆手舞动作的动律和韵律又有它们共同风格特色，综合起来可以概括为：走动顺拐时，重拍下沉，双腿屈膝，全身颤动。顺拐，在摆手舞动作上，绝大部分是顺摆，即摆右手出右脚，甩左手出左脚。俗称甩同边手。

摆手舞的动作节奏轻重分明，以锣鼓伴奏指挥摆手队伍和变换动作与队形。动作以手摆动作最多，脚是随着手的摆动踏着节拍，双膝自然闪动，手一般摆得较低，不超过肩。其节奏多为重拍在下，即第一拍始终往下沉，显得稳重粗犷，健美有力。

土家族人民的劳动生活，是舞蹈起源的现实基础。土家山区山高路险，前是悬崖，后是峭壁，上山种地和家中饮水多用背背（少有肩挑）。

行走时，都是侧身、顺拐、下沉、颤动前进，这样桩子稳，既安全又能背更重的东西。但舞蹈动作并非生活的原型，它对每一个动作都进行了艺术加工，如在"挖土""插秧""挽麻""撒种""摘苞谷"等动作后面都要添上单摆和装饰性动作。

摆手舞的动作，大概可以分以下几类：

一是娱乐性动作（不反映任何农事活动的），如单摆、双摆、回旋摆，只是单纯的摆手，作为装饰性动作，或用于开头和结尾。前走三步，两手向左右各摆一次（单摆）或两次（双摆）。

二是表现旱地生产运作，如砍火畲、挖土、摘苞谷等，在这些动作的后边都接有单摆，整个动作衔接得更顺畅，形成一个统一的整体。

三是反映水田耕作的动作，如插秧、踩田、割谷、打谷等，后面都以单摆为衔接。

四是生活动作的模拟。如打粑粑、打蚊子、梳头、抖狗蚤、喝豆浆、打草鞋、钓鱼、打猪草等，这些动作很容易使人理解，只要一摆动就可以看出是在表现什么内容。

摆手舞进行时还穿插唱摆手歌与山歌两种，唱时多为喊腔（"坡头腔"），旋律性不强，但颇为健朗，能表现强烈的欢乐情绪。山歌调十分丰富。如"清明时节正春耕，忙得无空抽口烟，挖完上坡下坡转，脚酸手软腰筋断"。也有诉说长工苦的，如"太阳当头火样红，财主逼我做苦工，苦情可到我家看，苞米里面夹葫葱"。另外，也有表现爱情生活的，如"月到十五正团圆，甘草蜜糖一样甜，称心兄妹同枕睡，恩爱夫妻到百年"等。摆手舞的山歌唱腔多为2/4拍，与其他山歌类似，声音高亢辽阔，感情朴实。

摆手歌舞队，男女老少均可参加。男的头包青丝帕，身穿枇杷襟式的布扣对胸便衣，脚穿布鞋或麻草鞋，手拿朝筒或长青树枝。女的头梳五股长辫，缠红头绳，身穿满襟外脱肩便衣，并配有花边、大扣花、小扣花、银饰牙签等装饰品，脚穿绣花布鞋，手持一根一尺见方的白竹方帕或白绸子绣花手帕，头上包青丝帕，挽发髻，插银簪，耳戴银饰耳环，手腕戴银镯或玉圈，身背花背笼，背笼里放有五彩纸花。

二、音 乐

（一）打击乐

传授者：田其根、田仁信、彭继良等

记谱者：易方文、龙泽瑞等

1.

	$\frac{2}{4}$							
口读谱	扁	扁	扁.	冬	扁冬	扁冬	扁	○
锣	X	X	X.	○	X ○	X ○	X	○
鼓	○	○	○.	X	○ X	○ X	○	○

2.

	$\frac{2}{4}$							
口读谱	冬冬	匡	冬冬	匡	冬冬冬	匡匡	冬冬冬	匡
锣	○	X	○	X	○	X X	○	X
鼓	X X	○	X X	○	X X X	○	X X X	○

3.

	$\frac{2}{4}$							
口读谱	点点点	冬冬冬	扁冬	点冬	扁.	冬	扁	冬
鼓边	X X X	○	○	X ○	○	○	○	
锣	○	○	X ○	○	X		X	○
鼓	○	X X X	○ X	○ X	○.	X	○	X

4.

	$\frac{2}{4}$							
口读谱	点	点	点冬	○冬 ‖:	板冬	点冬	板	○ :‖
锣	X	X	X ○	○ ‖:	X ○	X ○	X	○ :‖
鼓	○	○	○ X	○ X ‖:	○ X	○ X	○	○ :‖

5. $\frac{2}{4}$

| 口读谱 | 点. | | 冬 | 板. | | 冬 | 点 冬 | ○冬 | 板 | | ○ | ‖ |

口读谱　点.　　冬｜板.　　冬｜点冬　○冬｜板　　○‖
锣　　　X　○　｜X　○　｜X○　○　｜X　○‖
鼓　　　○.　　X｜○.　　X｜○X　○X｜○　　○‖

6. $\frac{2}{4}$

口读谱　点.　　点｜点　－　｜点冬　板冬｜点　　○‖
锣　　　X.　　X｜X　－　｜X○　X○｜X　○‖
鼓　　　○　○｜○　○｜○X　○X｜○　○‖

7. $\frac{2}{4}$

口读谱　点　点.｜点　点.｜点　点.‖：冬　冬.：‖
鼓　　　X　X.｜X　X.｜X　X.‖：○　○：‖
锣　　　○　○｜○　○｜○　○‖：X　X.：‖

8. $\frac{2}{4}$

口读谱　‖：点　点.　‖：点冬　板冬｜点　　○‖
鼓　　　‖：X　X.　‖：X○　X○｜X　○‖
锣　　　‖：○　○　‖：○X　○X｜○　○‖

9. $\frac{2}{4}$

口读谱　‖：点　点.　‖：冬　冬.：‖点冬　板冬｜点　　○‖
鼓　　　‖：X　X.　‖：○　○：‖X○　X○｜X　○‖
锣　　　‖：○　○　‖：X　X.：‖○X　○X｜○　○‖

10.　2/4

口读谱 ‖: 点　　点.　‖: 点冬　　板冬｜点　　　○　‖

锣　 ‖: X　　X.　‖: X○　　X○｜X　　　○　‖

鼓　 ‖: ○　　　○　‖: ○X　　○X｜○　　　○　‖

11.　2/4

口读谱 ‖ 点冬　板冬｜点冬　板点｜点.　　冬｜板　　　○　‖

锣　 ‖ X○　X○｜X○　X○｜X.　　○｜X　　　○　‖

鼓　 ‖ ○X　○X｜○X　○X｜○.　　X｜○　　　○　‖

12.　2/4

口读谱 ‖ 点冬　冬　｜板冬　冬　｜点冬　乙冬｜冬板　冬　‖

锣　 ‖ X○　○　｜X○　○　｜X○　○　｜X○　○　‖

鼓　 ‖ ○X　X　｜○X　X　｜○X　○X｜○X　X　‖

13.　2/4

口读谱 ‖ 点　○　｜点　点｜点　○　｜点冬　板冬｜点　○　‖

锣　 ‖ X　○　｜X　X｜X　○　｜X○　X○｜X　○　‖

鼓　 ‖ ○　○　｜○　○｜○　○　｜○X　○X｜○　○　‖

14.　2/4

口读谱 ‖ 点　　点　‖: 点.　　冬:‖ 点　　　○　‖

锣　 ‖ X　　X　‖: X.　　○:‖ X　　　○　‖

鼓　 ‖ ○　　○　‖: ○.　　X:‖ ○　　　○　‖

15. $\frac{2}{4}$

口读谱	点点. 点	点点. 冬	点冬　板冬	点点. 点
锣	X X. X	X X. ○	X○　X○	X X. X
鼓	○　○	○　X	○X　○X	○

16. $\frac{2}{4}$

口读谱	点　○	点　点	点　○	点冬　板冬	点　○
锣	X　○	X　X	X　○	X○　X○	X　○
鼓	○　○	○　○	○　○	○X　○X	○　○

17. $\frac{2}{4}$

口读谱	点　点 ‖: 点. 冬 :‖ 点冬　冬冬	板冬　冬冬	○冬　点
锣	X　X ‖: X　○ :‖ X○　○	X○　○	○　X
鼓	○　○ ‖: ○. X :‖ ○X　XX	○X　XX	○X　○

18. $\frac{2}{4}$

口读谱	扁　扁	扁冬　冬冬	扁冬　扁冬	扁　冬冬
锣	X　X	X○　○	X○　X○	X　○
鼓	○　○	○X　XX	○X　○X	○　X　X

19. $\frac{2}{4}$

口读谱	扁　扁	扁. 冬	扁冬　○冬	扁. 冬	扁冬　○冬	扁 －
锣	X　X	X. ○	X○　○	X. ○	X○　○	X －
鼓	○　○	○. X	○X　○X	○. X	○X　○X	○　○

（二）曲谱

1. 吆喝号子

1 = C

| 1 ↗ 1 | 3̄ 2· | 3̄ 1· | 2 | 3 2 1 6 ↘ 5 | 5· | 2 ‖ |

嗬 嗬 也　　嗬　　　坏 了　火 啊

2. 摆手歌

2/4

口读谱	○ ○	点 冬	板 冬	点 冬 乙 冬	板 冬	点 冬	板 冬
锣	○ ○	X ○	X ○	X○ ○	X ○	X ○	X ○
鼓	○ ○	○ X	○ X	○ X ○ X	○ X	○ X	○ X

口读谱	点 冬 乙 冬	板 冬	点 冬	板 冬	点 冬 乙 冬	板 冬
锣	X ○ ○	X ○	X ○	X ○	X○ ○	X ○
鼓	○X ○ X	○ X	○ X	○ X	○ X ○ X	○ X

3. 其他

1 = G 2/4

打击	○ ○	点 冬	板 冬	点 冬 乙 冬
曲谱	2 5 3 3 3	3 2 1 6 5	0 1	5 5 3 3 3 2	1 1 6 5
唱词	1. 嗬嗬也	嗬 嗬 哦╱小 小 的 哟	围 场 哟
	2. 嗬嗬也	嗬 嗬 哦╱无 人 的 哟	唱 歌 哟

打击	板 冬	点 冬	板 冬	冬点 乙 冬
曲谱	0	2 5 3 3	3· 2 1	0	2 ↗ 5 3 3 2	3 1·
唱词	大 大 的 哟 开	爱 玩 的 爱 要 哟
	我 起 的 哟 头	我 今 的 起 个 哟

| 打击 | 板 | 冬 | 点 | 冬 | 点 冬 | 冬 点 乙冬 | 板 冬 |

| 曲谱 | 3. 6̇ 1̇ 6 | 5 5. | 1 1 3 | 3 ↗ | 1. | 2 | 3 2 1 6 | 6̇ | 5 5. |

唱词
1. 上场 哟 来呀　嗬嗬也　嗬　　坏　了　嗬啊
2. 万 花 哟 楼呀　嗬嗬也　嗬　　坏　了　嗬啊

1 = G

| 6̇ 1̇ 2̇ 1̇ | 1. | 3̇ 1. | 3̇ 1̇ 6̇ | 6̇ ↗ | 6̇ 1̇ 2̇ 1̇ | 1. | 3̇ 1. |

土语　zǐ gā duo　　　líeng gù duò　　　zǐ bá duō　　zhǐ ba ↓
汉语　要吃　饭　　　挖　年 土　　　要吃 肉　　喂肥

| 1̇ 6̇ 6̇ | 6̇. ↙ | 6̇ | 1. | 6̇ 1 | 6̇. ↙ | 6̇ 1 #6̇. | 5 6̇. | 6̇ ↙ 喂 ↗ |

土语　lòug　auō(合唱)嗬也　　嗬也 啊　嗬 也　嗬啊。
汉语　猪　　　嗬也　　嗬也 啊　嗬 也　嗬啊。

三、服饰道具

(一) 服饰

1. 男服装

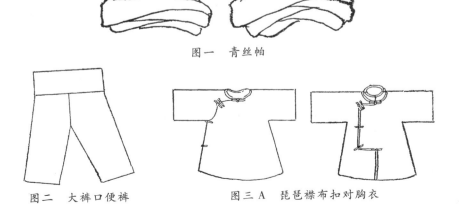

图一　青丝帕

图二　大裤口便裤　　　图三 A　琵琶襟布扣对胸衣

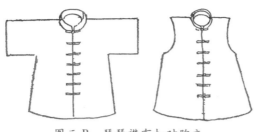

图三B　琵琶襟布扣对胸衣

图四　多耳麻草鞋

2. 女服饰

图五　闺女五股盘辫

图六A　金耳环

图六B　玉圈子

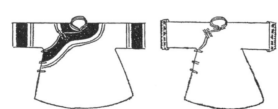

图七　满襟外脱肩便衣

图八A　便裤

图八B　便裤

图九　大扣花和小扣花

图十　牙签

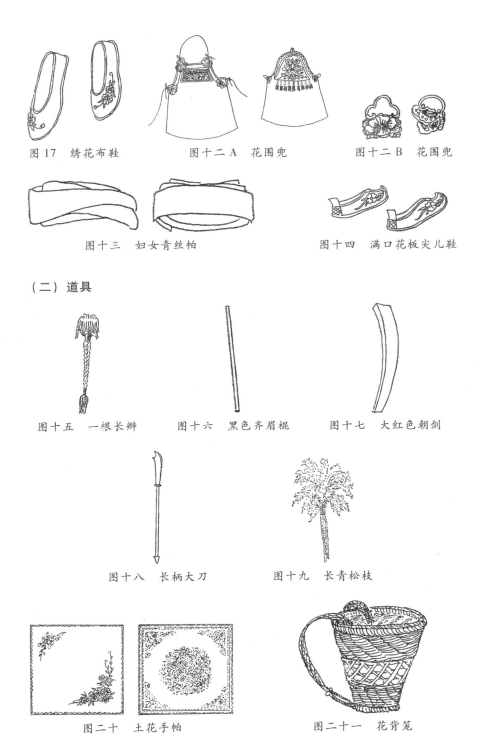

图 17　绣花布鞋　　　图十二 A　花围兜　　　图十二 B　花围兜

图十三　妇女青丝帕　　　　　图十四　满口花板尖儿鞋

（二）道具

图十五　一根长辫　　　图十六　黑色齐眉棍　　　图十七　大红色朝剑

图十八　长柄大刀　　　　　图十九　长青松枝

图二十　土花手帕　　　　　图二十一　花背笼

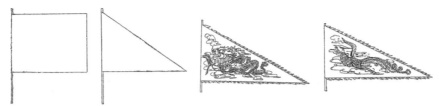

图二十二　小彩旗、龙凤旗

（三）场记

跳法：男女众人在未出场前，自由地站在锣鼓四周，一人领唱，众人合。唱到摆手歌中的"喂"时，众人出场拥向锣鼓，男女交叉围成圆圈，圈中两人击锣鼓，众人逆时针方向起舞。动作次序是：

打击乐 1　　〔1〕～〔4〕，做"单摆"

打击乐 2　　〔1〕～〔4〕，做"砍火畬"

打击乐 3　　〔1〕～〔6〕，做"掀卡子"

打击乐 4　　〔1〕～〔8〕，做"挖土"

打击乐 5　　〔1〕～〔8〕，做"撒种"

打击乐 6　　〔1〕～〔7〕，做"种苞谷"

打击乐 7　　〔1〕～〔8〕，做"插秧"

打击乐 8　　〔1〕～〔4〕，做"露草"

打击乐 9　　〔1〕～〔4〕，做"踩田"

打击乐 10　　〔1〕～〔4〕，做"挽麻团"

打击乐 11　　〔1〕～〔6〕，做"割谷子"

打击乐 12　　〔1〕～〔7〕，做"打谷子"

打击乐 13　　〔1〕～〔6〕，做"晒谷子"

打击乐 14　　〔1〕～〔8〕，做"纺棉花"

打击乐 15　　〔1〕～〔8〕，做"打粑粑"

以上打击动作可以任意反复，当演奏调换锣鼓点后调换动作。任何一个动作都能在场记图中进行。

五、稀可乐

稀可乐表演是在马日前一天晚上，紧接操旗和调年之后进行的。与操旗、调年不同的是，它仅表演一次，不是前三晚都要表演。这是因为，操旗、调年是民间世俗舞蹈，是"阳人"跳的，基本成形，每晚跳一跳，接待远近亲朋，为节日营造欢乐气氛。越跳得多，越增进彼此之间的情谊。而稀可乐，最原始的本义是，一群"山鬼"扮演各种角色，跑到土地坪，来参加土家跳马盛会。山鬼（阴人）和接下来要表演的跳马（阴马），只能出现一次，决不能重复。

稀可乐，以往资料写成"西可乐"，因是土语音译，完全是一回事。写于1957年的《湘西土家族访问团古丈分团访问工作报告》中，这样写道："喜灯（又名稀可乐），是男女化装后扮成渔、樵、耕、盲四种角色，人数多少都可以，边打锣鼓边吹木叶和土号（铜制号），玩到尽欢而散。"

稀可乐确切含义，暂时还无法确定。现有四种说法可供参考。①"稀"意译"铁"，"可乐"即"荒笼柯"，连起来意为用铁制的生产工具去开垦荒山，表现远古时期土家先民披荆斩棘、刀耕火种时的欢乐情景。②稀可乐意即铁砣子。一则土家民间故事中，就有一位农妇用绳索拉铁砣子在地里来回行走，以除去杂草的情节，这与上边的说法近似。③"稀可乐"即"打鸣咳"的意思。打鸣即召唤，咳即玩，整个意思是"大家邀约玩热闹去"。④有人还把它意译为杂古笼统。好了，还是让我们从稀可乐表演的本身去推敲它的含义罢。

稀可乐表演者多为男性，有的头戴罗皮帽，有的用帕子遮着脸，有的倒披蓑衣，装扮成一群山鬼子从马扎冲呐喊着冲进土地坪，表明山鬼子也高高兴兴地参加土家跳马盛会。他们在灯笼火把油香的映照下，在坪场当中分头表演打粑粑、钓鱼、扎篾、捞虾、算命、打卦、打莲花闹、送春、玩鸟、打九子鞭、打三棒鼓、打溜子、拍渔鼓、吹木叶、唱山歌、春牛耕田等妙趣横生的原始生活动作，并与观众进行互动。如打粑粑的两个男士，蓑衣倒披，用勾勾槌向粑粑槽（地面）使劲反复捶打。扮演妇女的在一旁演做粑粑的动作，并向围观人群送粑粑，同时说道："你一坨，他一坨，中间还有一大坨。"又如春牛耕田，化装成牛的人（一人或二人），皮褂子反披着，用枇杷叶作牛耳，用稻草扎两只角，在前面爬行，摇头摆尾装成拉犁状，另一农夫戴着斗篷蓑衣，掌着木犁（去掉铧口），手拿竹鞭驱牛耕田，喝骂之声不绝于耳，将田间劳动情趣表演得淋漓尽致。有时，两头牛碰在一起，表演激烈诙谐的牛打架，惹得观众捧腹大笑。算命盲人拉着胡琴，给观众用土话算命。钓鱼的手拿钓竿，不时向人群中抛饵，猛扑过去声称抓到一条大鱼（一般是逗惹年轻妇女）。捞虾者多系苗家妇女，她们背着小孩，手拿三角捞兜，腰系篾篓，穿行人缝间，作捞虾、提兜、捧虾、装虾等连续动作，天真烂漫，滑稽可笑。稀可乐表演带有较浓厚的生活气息，反映了土家人民纯朴、开朗、幽默、风趣的性格，表演中既夸张，又不乏细腻。

图 4-13　打粑粑表演

图 4-14　蚌壳灯

图 4-15　打九子鞭

图 4-16　捞虾

图 4-17　拍渔鼓

图 4-18　打三棒鼓

　　随着时代的发展，如今表演稀可乐的有男也有女，再不搞男扮女装，衣裳也较讲究，接近生活和舞台装束。道具也较真实，如用真糯米，在真粑粑槽里打粑粑，或用萝卜片片做粑粑，向观众抛去，众人抢接粑粑，有点像土家上梁甩梁粑的味道，将稀可乐表演推向高潮。表演稀可乐时间较长，这里无论男女老少，主人宾客，演员观众，全体出场，逗趣耍笑，插科打诨，尽兴娱乐，各得其趣，直至深夜，真是可喜可乐也。

　　毛古斯在古丈土家地区叫故事帕帕，是一种极其古老的表演艺术，在舍巴节上与摆手舞穿插进行。其表演内容有歌有舞有对话有大量的生产动作，还有简单的情节与场次。演出者身扎稻草，头戴草辫，所表演的内容多与纪念祖先教育后代有关，是古老的原始戏剧活化石。它所保留的节目中有接老爷、钓鱼、打粑粑、做阳春、打猎、吹木叶、唱山歌等，再现了古代渔猎过程，反映了劳动的艰辛，以及获得食物后的欢乐，也有表现对剥削者的愤懑和反抗的情绪。毛古斯中的草人与稀可乐中的山鬼性格极相同，甚至连有些对话都非常相似，如毛古斯中有这样一段对话。

　　　　"你们从哪里来？"
　　　　"我们从岩坎脚下来的。"
　　　　"你们昨夜在哪里睡？"
　　　　"我们昨夜在棕树脚下睡。"
　　　　"你们吃的是什么？"

"我们吃的是棕树籽籽。"

"你们喝什么？"

"我们喝的是凉水。"

"你们穿的是什么？"

"穿的是棕树叶叶。"

稀可乐表演开始时，山鬼入场后亦有一段人鬼间的对话。

"你们从哪里来的？"

"我们从马扎冲来。"

"你们住在哪里？"

"我们住在岩爬爬。"

"你们吃些什么？"

"吃的尽是些棕苞籽籽。"

"你们穿什么？"

"穿水麻叶衣服。"

还有，毛古斯中钓鱼、做阳春、打粑粑等节目，在稀可乐中亦有相应的表演。虽然情节比较简单，却独具特色。如用牛耕田闹春耕就很直观，有看头，惹人发笑。稀可乐表演最大特点是，全体演员陆续登场，各居一隅，各演各的，互不干扰，偶尔有些配合，这是与毛古斯的最大区别。在这样大的复杂的场合下，表演的情节只能比较简单，才能让人一目了然。

第三节　马日凌晨跳马祭祀

马日前夜的狂欢至稀可乐表演后暂告一段落，人们各自回家休息或吃夜宵，静候马日来临。一场声势浩大的跳马即将举行。

以前，土家山寨还没出现时钟，通常以雄鸡鸣叫作为一天的开始，在半夜 2~3 点钟。由于寨子里没有受到嘈杂声音的干扰，特别是没有光辐射的污染，鸡的生物钟没受影响，故报晓还是比较准时的。就拿昔日除夕抢年来说，并不是在 24 点钟敲响后进行，而是在鸡叫头声时进行的。对于"日出而作，日落而息"的土家山民来说，雄鸡凌晨报晓，是最好的闹钟。他们再也睡不着了：黑暗将结束，黎明马上就要到来，得谋划新的一天了。

土家族跳马节马日的来临，理所当然应以雄鸡鸣叫作为标志。

一、出马

不知谁家雄鸡"嘎——勾喽"头一唱响，随之全寨鸡叫声响成一片。雄鸡啼鸣，宣告马日来临。礼炮三响，大家纷纷向出马地点奔去。

前面讲过，扎马是在野外，则出马地点也在野外。据今年 80 多岁的县政府退休干部鲁选金回忆，抗日战争胜利后举行过两次跳马活动，一次是在 1946 年，另一次是在 1948 年，那时他才十二三岁。第一次他扮抬老爷小鬼，第二次扮赶马人，出马地点都是在大岩垴。后来，扎马地点几经变化，改为村旁一偏僻农舍，于是出马地点也就改在那里了。

人们来到出马地点后，一阵忙碌，各自按担任的角色装扮完毕，摩拳擦掌，跃跃欲试。当雄鸡再叫第二遍时，锣鼓炮仗齐鸣，跳马队伍浩浩荡荡地沿着马道向土地坪奔驰而来，沿路插满点燃的大股油香（用茶油浸泡透的宝香），照得如同白昼。出马队伍先后次序如下。

（一）炮仗队

炮仗队有土号两对，三连炮两架，鸟铳数根。三连炮又称三眼铳、马蹄炮，是土家族古老的专用礼炮，柄长 0.33 米，上装有三个短眼的铁制炮头，填进火药，可接连三响。鸟铳又名啄子火，狩猎之武器。此外还有饼饼炮和竹竿绞着的长挂鞭炮。饼饼炮系一百颗捆成一饼的大爆竹。炮仗

图 4-19　吹土号

队在掌堂梯玛的指挥下，同时鸣放，如万炮齐发、震天动地。随着炮火声，大家发出一阵阵"吾呼呼——喂"的吆喝，似猛虎下山，山鹰长啸。

（二）祭祀队

主祭人员有梯玛二人，道士一人，女巫一人，共四人。梯玛头戴凤冠，身穿八幅罗裙，手握司刀、八宝钢铃；道士头戴道帽，身穿道袍；女巫头裹青丝帕，身着满胸便装。另外，还有抬木盘二人。盘上置猪头、粑粑、团馓、豆腐、香纸、蜡烛等祭品。

（三）旗队

走在最前面的是龙、凤大队，随后是朝代旗及各式各样的彩旗。龙、凤旗系用红、蓝、白、黄四色调料制成的三角大旗。旗长 3 米多，边缘镶有鸡冠形花边。以白龙旗和红凤旗为上乘，并排走在队伍最前列。据传，八部大王八兄弟出生后被弃于荒野，靠龙的哺乳和凤羽取暖长大，为感龙凤之恩，故置龙凤旗世代相传。朝代旗亦是必备之物。如今的朝代旗是五星红旗。其他各式各样的旗帜跟随朝代旗之后。

（四）抬老爷队

有道是，"为官一任，造福一方"。在传统民间文化中，老爷为黎民百姓父母官，理应受到人民的尊敬和爱戴。于是，人们用竹子扎一乘敞篷大轿，并精心制作如真人一般大小的官员，头戴乌纱帽，身穿长袍，端坐轿中，由两名小鬼抬着，四名小鬼手拿乌梢鞭前呼后拥，前面还有一人鸣锣开道，旁有万民伞陪护，鱼贯而入，好不风光。官老爷今天也闲下心来，与民同乐，参加跳马盛典。据说以前城里的县官老爷，常骑着马前来看热闹。

（五）跳马队

这是最庞大的一支队伍，由 12 匹骏马和 36 人组成。每匹马三人一组，剽悍的骑士头戴草帽，手举篾刀，扬鞭催马，威风凛凛；赶马人头戴纱箬帽，一手握木刀，一手持棕扇（视为盾牌）尾随其后；旗手高擎战旗，马前开道。鼓号呜呜，马铃当当，杀声阵阵，旌旗猎猎，似可依稀看到土家先民迁徙和征战的图景。

（六）溜子队

这是压阵打击乐队。打溜子是流传在土家族聚居区的一种古老而优美的打击曲牌音乐，土家语称"家伙哈"，汉语叫"打挤钹"。打溜子用于结婚、年节建房等喜庆场合，渲染气氛，热烈欢快，是土家族人民最喜爱的器乐合奏，也是土家族特有的一种文艺表演形式。土家族男孩从五六岁起，便跟着老艺人学打溜子，耳濡目染，世世代代相沿成习。每逢婚嫁喜庆之际，他们便相邀为伍，打起溜子，串乡走寨，热闹非凡。溜子队伍由四人组成，所用的乐器有头钹、二钹、马锣、大锣四件乐器，如另加一唢呐，便组成了土家族吹打乐——五子家伙。钹、锣均系民间铜匠手工精心制作而成。土家族打溜子与其他音乐形式一样，有自己独特的乐汇、乐句、乐段和曲牌。曲牌大体由头子、溜子两大部分组成。头子部分千变万化，是主要的部分，也是曲牌的主体所在。溜子部分由绞子、牌子等部分组成。土家族溜子曲牌，据说有三百余种，以现存的近百个溜子曲牌所表现的内容来看，大致可分为绘声、绘神、绘意三大类。在出马时，欢快的"当卜七卜当"溜子声，再配以［迎风］［将军令］等唢呐曲牌，吹打合一，空谷传音，喜气远溢，真不愧为土家民族文化宝库中一颗璀璨夺目的明珠。而跳马队伍，踏着这热烈奔放的溜子节拍，以跳代跑，杀声阵阵，勇往直前，所向披靡。

二、祭祀

（一）请神曲

大队人马来至土地坪后，绕场一圈，最后在土地堂前停下，排好队列，由二名梯玛、一名道士和一名女巫带领，设坛祭祀，献上猪头酒馔，再点燃香纸蜡烛，众人一齐跪下，在掌堂梯玛"一叩首、二叩首、三叩首"号令下，行磕头礼。然后转身，向天地磕头各三次。马队磕头时，仅将马头点三下。老爷磕头时，由小鬼握着轿杆点三下。礼毕，众起复位，掌堂师举起酒杯，将酒弹往五方五位，口中振振有词，吟诵《请神曲》。

伏以——	凡有奉请，
伏以——	必蒙感应。
三伏以——	焚起真香道香，
一请东方甲乙木，	所之感香，
二请南方丙丁火，	桦木初香，
三请中央戊己土，	枫蕊宝香，
四请西方庚辛金，	岩心真香。
五请北方壬癸水。	香火彤彤，
神通浩浩，	烧在炉中，
圣德昭昭，	香火浩浩，

马通天曹，
香火净净，
马走十方。
马行千里，
圣德昭之。
弟子焚香迎请，
奉请，
叩请何神？
弟子一焚真香，
虔诚奉请，
本境当坊土地，
正值之神，
请赴炉前，
下马有请，
受香供养。
弟子再焚真香，
虔诚奉请，
山神土地，
桥梁土地，
请赴炉前，
受香供养。
再焚真香，
虔诚奉请，
迎请本族先人，
向老官人，
鲁大将军，
请赴炉前，
受香供养。
再焚真香，

虔诚奉请，
迎请向氏堂上
鲁氏堂上，
前公后主，
前亡后化，
老少男女，
是吾宗支，
请赴炉前，
受香供养。
再焚真香，
虔诚奉请，
转身迎请，
弟子来时，
天传天教仙师，
地传地教仙师，
阴传阴教仙师，
梦传梦教仙师，
请赴炉前，
受香供养。
弟子在此，
敬请诸神，
保佑跳马人等，
平平安安，
大吉大利。
千神共盏，
万神共饮，
同处古丈县热溪村，
土地祠居住。

图 4-20　请神

图 4-21　鲁德军担任梯玛

图 4-22　抬老爷

（二）求筊

待土地神、祖宗神、仙师神等，一一请进土地殿后，道士开始求筊。他双手合十，持筊作揖三次后开始念咒："日吉时良，天地开昌。跳马首士，率领牌下向鲁二姓人等，供奉跳马节会，同心叩许，保春黄谷，心愿一重。年中保年，月中保月，日中保日，时中保时，保到十月，南秋八卦，谷得上仓，米得上柜。三保时辰，时辰又到，赐求阴玟，阴中保佑，暗里扶持。赐求阳玟，开天上阳，欢眉大笑。尝求忠凭圣玟，显迎充迎，充迎显迎。谢蒙宝玟，将凭金银钱财，用凭火化。神圣有钱，位位有纸。大则三分，小则二钱。串起钱财练起马，发起三通鸣鼓，三朝四钿，鼓舞朝贺。点看众牌子孙，有凶报凶，有吉报吉，都是平安无事。点看众牌子孙，麻瘟豆瘟，五瘟邪气，有凶报凶，有吉报吉，都是无事清洁。点看大财耕牛，小财猪只，六畜血财，有凶报凶，有吉报吉，都是水草长生。点看众牌子孙，官衙口罪，有凶报凶，有吉报吉，都是无事清洁。点看众牌子孙，妇道小人，面深歹人，有凶报凶，有吉报吉，小心以后，平安无事，家家清洁，户户平安。借助东边三槌鸣锣响鼓，退朝一步。"

道士求玟，是象征性的，不像许马时那样严谨、细致。道士通过掷玟，开展人神对话，尽情表达土家人逐凶纳吉的美好心愿。求玟完毕，锣鼓鞭炮齐鸣，跳马即将正式开始。

（三）三教共祭

现在说明一下，跳马祭祀为何要搞"三教共祭"模式？梯玛为土家族敬神的人，汉语称土老司。"梯"为敬神，"玛"为人。梯玛是人神合一的统一体，既为神的代言人，传达神的旨意；又是人的代言人，能向神表达人的祈求。梯玛在土家人民心目中有着十分重要的地位。土家族跳马活动，理所当然由梯玛主持。参祭梯玛有两名，一名为掌堂师，一名为副手。远古时期，特别是八百年土司时期，梯玛阶层相当成熟，他们依附土司，集族权、神权于一身。清雍正五年（1727）实行改土归流，流官代替世袭土司，梯玛渐渐被冷落了。此时，由于广大农村受汉文化影响，道教逐渐兴起，产生了大批道士。

道士为中国道教的神职人员。《太霄琅书经》称："人行大道，号为道士。身心顺理，唯道是从，从道为事，故称道士。"道士比佛教僧侣更多一份潇洒的气质，在日常社会活动中，也是极为引人注目的角色。道士有出家的全真派道士，以及在家的正一派道士。道士之称始于汉代。古丈县道教于清朝初年传入，但没有专门的道观，通常是佛、道同山同庙，前佛后道，道教事务由佛教僧人代管。古丈境内仅为正一派道士，无全真派道士。随着社会及科学技术的发展，人的"生、老、病、死"等问题再去找梯玛的渐渐减少，而负责人死后超度亡灵的道士，却大有市场，一般村寨，都有一套道士班子。他们吹吹打打，唱唱跳跳，为死者开路、上花、解结、烧棺，将丧葬办为喜葬，故民间就有"红白喜事"之称谓。鉴于道士地位的提高，在跳马祭祀中，邀请道士参与，是情理之中之事，道士参加祭祀，为跳马活动注入新鲜血液，同时又从另一个侧面反映出，热溪土家人善于吸收新事物。

再说说女巫参祭。土家族女性参加祭祀活动，并非新鲜事儿。土家族在还愿活动需要梯玛及各种执事人员十多人，即掌堂梯玛一人，陪神、香客各一人，茶婆婆一人，帮工（杂役）数人。如果场面稍大一点的还愿活动还需要帮师梯玛数人，动乐数人。陪神、香客一般由谙熟梯玛法事活动的长者充任，茶婆婆一般由福寿双全、子孙满堂的年长妇女充任，帮师梯玛和动乐一般由掌堂梯玛的师兄和徒弟担任。而在举行摆手舞活动时，祭祀队伍后面即舞队，男女老幼尽可参加，有银须白发的老者，有蹒跚学步的儿童。男女老幼均着节日盛装，手里分别拿着常青树树枝，列队入场。舞队中挑选一名近期新婚的少妇，穿着华丽的服饰，背个花背篓，内盛五彩纸花和一把红伞，走在舞队的前列，誉为"新贵人"。由此看来，土家族对妇女十分敬重，没有男尊女卑的思想。

"巫"字的上下两横分别代表天和地，中间的"丨"，表示能上通天意，下达地旨，其中的"人"，是众人。"巫"就是通达天地、中和人意的意思。它蕴含着祖先期望人们能够与天地上下沟通的梦想。巫能够与鬼神相沟通，能调动鬼神之力给人消灾避祸，如降神、预言、祈雨、治病等，久而久之成为古代社会生活中一种不可缺少的职业。巫的前身本义是古代能以舞降神的人，中国古代医师也称"巫"，现有巫师巫婆等。

最早的汉字是从图画文字演变而来的。汉字从表形阶段发展到表意阶段具有承接性。正因为如此，汉字保存着我们祖先造字时，以及后来演变过程中的原始和引申意义。汉字具有每个字呈方块形，每个字代表一个音节，每个字有各自的形体、读音和意义，由此它能保证书面语言的统一，使不同方言区的人都能相互交际，不同时代的人都能沟通思想。正因为汉字的这些特点，我们就能通过研读古文献分析古文字，了解我们的祖先当时应用这些古文字时的本来意义，以及后来的引申意义，从而了解古代史实，与祖先进行穿越时空的对话。

在《现代汉语词典》里收录医的繁体字，除了"醫"外，另一个是"毉"。在许慎的《说文解字》里没有收录"毉"。在《集韵》里"医"或作"毉"。"醫"和"毉"是同音同义的异体字，在相当长的历史时期里两个字是混用的。但是由于偏旁的不同，二者的含义也有一点区别。"醫"的偏旁是"酉"。"毉"的偏旁是"巫"。《说文解字》对巫解释道："祝也。女能事无形，以舞降神者也。"医在上古时期或本于巫，故"医"字古作"毉"。《山海经》里记载上古有十巫，都与医有关。《广雅·释诂四》曰："医，巫也。"

通过分析医的繁体"毉"，可以发现医和巫的渊源。清俞樾《楚词·天问》载："是巫、医古得通称，盖医之先亦巫也。"巫在正式的医生职业出现之前就已经存在，他们以巫术为主业的同时兼任医疗工作，或者以医疗为主兼任巫，遂有巫医的称谓。在相当长的一段历史时期里，医巫是合流的，自然深受巫术的影响。与所有的传统医学一样，古代的中医也是从巫术里走出来的，只不过它是走出来比较早的一支，也是最有成就的一支，与巫术决裂最彻底的一支。以《黄帝内经》为标志的中医基础理论体系的形成，意味着中医与巫术的彻底决裂。《黄帝内经》里说过："拘于鬼神者，不可与言至德。"《扁鹊仓公列传》中也有"信巫不信医，六不治也"的说法。中医学在扁鹊、《黄帝内经》之后，再也没有出现过鬼神观念统治医坛的情形，从而使中医学始终沿着唯物的道路向前发展着。

人类处在母系氏族社会阶段之时，从巫者多为女性，所以巫的原始意义是指女巫。当母系氏族社会过渡到父系氏族社会后，逐渐由男性替任巫师，故有专用名词"觋"出现，即"女巫的见习生"之意也。"巫"与"觋"的区分主要在性别，也含有在居住地谋生或出远门谋生之别。从性别来讲，男人出差比较方便，"觋"即指各地游走的男性巫师。"巫"则侧重指不在各地走街串巷，而多在本地就近提供巫术服务的巫师，通常是女性。

古丈县热溪就有一名女巫，人们习惯称她"仙娘"，也是一位德高望重的民间"医生"。从学术上来讲，她的职业是原始的巫医合流模式，但以医疗为主。她名叫向树林，土家族，生于 1910 年。18 岁嫁给本寨青年鲁隆安，生有一子，22 岁时丈夫病故，从此守寡到老。1995 年 10 月病故，享年 85 岁。她的父亲向心田，育有一男三女，她是家中老大，下有弟妹 3 人。

父亲是土家药师，以诊疗妇幼科为主，尤以小儿推拿术最为出名，被当地人誉为"神医"。向树林自幼耳闻目睹父亲给人治病，很感兴趣，无奈祖传医术"传男不传女"，父亲并没有传授予她的打算。然而，弟弟向顺文由于升学就业，当了教师，没有时间接受家传，跟父亲学习，这门手艺眼看就要失传了，父亲这才时不时地给女儿指点一二。父亲去世后，向树林开始在村里给人看病。每当有人上门求医，她分文不取，只要给点香纸就行。

据说她的治疗方法是于梦境中得到父亲指点，获得治病良方，即所谓"仙师梦传"。治疗过程一般是先拿脉，当面问清病情，然后对着神龛架设香案，焚香烧纸。在烟雾氤氲之中默默自语（念咒语），不久便进入似睡非睡状态。待清醒后，开出"良方"，或推拿五方五位给人治病，相传很是灵验。向树林治病以推拿术为主，兼服草药。

从母系社会地位显赫的女巫，到如今以治病为业的"仙娘"，民间巫医经历了一个漫长的历史发展过程。作为"人鬼之间的媒介"，"仙娘"似乎能治愈一些疾病，用常识的眼光来看，殊不可解。然而，用现代心理学原理来分析，"仙娘"的产生及其在少数民族偏远村落存在的意义，必然有某些可以得到合理解释的成分，而对于巫医疗效的理性认识和科学分析也有待医学界进一步研究。瑇玛、道士、"仙娘"是热溪村德高望重的智者，也是传承土家族文化的使者，理所当然成为土家跳马祭祀的主持者。"仙娘"向树林由于年事已高，仅在 1989 年和 1991 年两次跳马时参与祭祀活动，后于 1995 年仙逝，跳马敬神祭祀从此缺少了一名女性。还好，我们已用相机拍下了她虔诚敬神的珍贵镜头。

再附带说明一下梯玛骑马之事。1989 年元宵首次恢复跳马节活动时，因看热闹的人数上万，原土地坪太小容纳不下，故活动地点改为古阳河河滩。在大队人马下山后，还要走一段公路才到达河滩。我们与省、州摄制组商量，为了营造节目气氛，增加跳马节的"马"味，欲请掌堂梯玛骑上一匹真马，以壮雄风。这想法也是有根据的。土家族梯玛行法事时，摇着铜铃，铜铃上就塑有一个铜马头，而骑着的长板凳就象征马身。我们何不用真马来让梯玛骑！再看，古丈五月二十八迎城隍赛会上，抬的是城隍座像，而陪护的判官由人扮演，骑的是一匹高头大马。作出决定后，我们开始寻找真马。此时，笔者有一位姓张的朋友正在县城搞骑马照相业务，一问他就同意了。于是付了一点小工费，将他和马租借过来，进行表演，非常成功。尔后，在1991年默戎田野表演跳马傩祀时，也用了他的马，留下了梯玛骑马过河的精彩画面。

三、跳马

跳马祭祀完毕，众人散开。土地坪中央用四张八仙桌拼成鼓台，上置一面红色大鼓，另有锣钹等响器，五名大汉任锣鼓手。鼓台周围，旗手挥舞五彩缤纷的旗帜，抬大小万民伞的两人，高举伞柄急速旋转。土地坪四角，四堆篝火熊熊燃烧，将跳马坪照得亮亮堂堂，如同白昼。在掌堂师的号令下，锣鼓骤起，鞭炮齐鸣，马队在梯玛的带领下，围着鼓台，进行精彩的跳马表演。

马队在锣鼓点子的指挥下，在热烈的炮火号乐声中，绕场数周后，骑士大显身手，以刚劲粗犷的马步，变化多端的队列，优美雄健的造型，表现紧张的操练和激烈的战斗场面。只见骑士们时而马场闲步，时而互相嬉戏，时而冲锋陷阵，时而万马奔腾，显示土家人抗倭保疆，所向无敌的英雄气概，把节日气氛渲染得如火如荼，赢得众人阵阵掌声和喝彩，将节日推向高潮。跳马表演历时大约两个钟头，其间鼓乐不停，炮火不止，花费颇巨。12名引马者，舞动彩旗，赴汤蹈火，马前开道；12名赶马者，频舞棕扇，扇去马皮上面的烟火爆竹，别有一番情趣。

跳马舞表演时，抬老爷的小鬼们，抬着老爷在跳马队周围打旋观看。

图 4-23　跳马中的操旗队

图 4-24　跳马中的骑士出征

他们的路线是这样的：从土地堂左边逆时针方向旋到土地堂的右边时，得打回转，按顺时针方向旋到土地堂左边，如此往返而行，不许违规。这是因为，不能让抬老爷队伍挡住土地菩萨及众神观看跳马舞表演的视线。再者，老爷倘若从土地堂前横冲直撞，有损神的威严，实为禁忌。

现将《湘西州民族民间舞蹈集成》有关跳马舞的内容转载于下。

一、概　述

跳马舞起源于古丈的热溪一带，据老艺人说："很久以前，向家祖公公从沅陵清水莲花池搬到热溪，鲁家祖公公从石马潭搬到热溪。这里山高林密，显得十分阴森，每到晚上，山中时常出现蓝火光（磷光），人们便认为这里山鬼子在烧火弄吃的。寨上若有不吉利的事，就认为是山鬼子在作怪。为了使山鬼不作怪，人们就决定敬下他们，经过商量，大家认为马是最好的祭物，于是便兴起了扎马、敬马、跳马活动，以求得平安吉利。

凡是哪一年村里碰到了不吉利的事，如遭病、遭灾等，村上就要许马。每家派一个代表，由村上有威望的人领着，跪在土地堂前卜卦问，要多少匹马敬给山鬼子才能免灾，从八匹马问起，如果不是顺卦还要加马匹数，一仰一俯（顺卦）就表示神已经同意（一般最多为十二匹）。确定数目以后，就由领头人向各家各户派款（买香、纸、油以及亲朋备酒备菜等等），准备扎马。

在许马确定了马数以后，正月首个马日为跳马的日子，但在正式出马前三天就开始扎马。周围的亲友也可以相继而来，这几天不论是本寨的主人或是外村来的客人，都要高高兴兴和睦相处，如果违反了就会得罪被敬的鬼神，大家就会得不到安宁。

因此，谁违反了规矩，除赔偿经济损失外还要受到谴责，凡是不吉利的事就要怪罪于他。所以在扎马的日子里，寨里要搞得热热闹闹，可以装"喜灯"，也叫稀可乐（一种带有戏剧性的表演形式），表演打粑粑、送春书、犁田等节目，也可请来新娘新郎唱国泰平安、五谷丰登等曲子。全村老少都可以到坪场参加跳调年舞，一直热闹到马日前一天。天一黑，参加跳马的人全部睡觉休息，快到午夜时，第一声铁炮响，就都起来，第二声铁炮响，就开始装马，第三声铁炮响，唢呐、长号锣鼓齐鸣，马队便向马场出发。

　　在马队进入马场前，要先到土地堂前磕三个头，而从土地堂直到马场，连路每隔几尺就要燃烧油香（将香炷沾上油点着插于路边）。马队进入马场后，长号、唢呐便停下来，由锣鼓点指控马队活动。在锣鼓的伴奏下，马队便依次跑圈和变换动作表演。锣鼓点有缓有急，表演进入高潮时，跑马的速度越来越急，当敲锣击鼓者看到骑马者的步伐已到了最快的速度，便将鼓重击以表结束，马队就奔出马场。骑马者"下马"，随后大家一起把马烧掉，以表示将马献给了能够给人带来吉祥、丰收的神灵。

　　跳马舞的道具是用一个纱篓作马头，即在纱篓的外面蒙上纸，然后画出马头的轮廓，并插上枇杷叶作耳朵，再用一个纱篓作马颈，披上棕作的马鬃，另有背笼作马臀，用棕叶作马尾，以篾条和竹棒将马颈和马臀连起，中间空着站人。竹棒上搭上被单，表示是马皮，将人的下半身遮住，人站在中间像骑着马，每匹马都由三人组成，一人骑马（主掌道具），另有一人牵马，一人赶马，表演时牵马和赶马的人主要是配合骑马的人的动作而即兴舞动和表演。

二、打击乐

口读谱	冬冬冬冬 冬冬冬冬	冬冬冬冬 冬冬冬冬	冬冬冬冬 冬冬冬冬
鼓	X X X X　X X X X	X X X X　X X X X	X X X X　X X X X
锣	X　X　X　X	X　X　X　X	X　X　X　X

口读谱	冬冬冬冬 冬冬冬冬
鼓	X X X X　X X X X
锣	X　X　X　X

三、服饰道具

头饰：戴草帽

服饰：各色便衣、便裤、草鞋。

道具：六匹纸扎马，着装时前身扎马头（糊在纱摇上），身后扎马尾（糊在背笼上），中间以两根直棍连接马头马尾，两棍之间站人（似骑马），棍上各披被面一床，肩上披马卷毛（用棕叶子做成）。

四、基本动作

（1）拜土地

做法：小八字步，左臂屈肘于胸前贴马头，右手牵马头上下提压三次，做马点头状，同时上身起伏三次。

（2）跑马

做法：双臂屈肘于胸前牵马状，圆场步跑三圈，一正一反交替进行。

（3）跳马

做法：小八字步，向前小跳，同时右手牵马头上提下压，一拍一次。

（4）赶马

做法：左弓步，向前小跳，双手牵马头。

五、场　记

1

打击乐〔1〕~〔4〕

第一遍：六人做拜土地动作。

2

第二至四遍：由男1带头做跑马动作。

第五至六遍：男1男2向台后，男3男4向左后，男5男6向台右前同时做跳马动作。

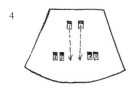

第七至八遍：男1男2向台前，男3男4男5男6原地，六人同时做赶马动作。

第九至十遍：由男3带向台左后做跑马动作下场。

传　授　者：鲁光高等
收集整理者：龙健珍　苏　璇

四、烧马

跳马队尽兴表演完毕，马队旗队送老爷至村旁溪边后，再返回土地坪，举行烧马仪式。此时，土地坪中鼓台已拆去，再烧一堆大篝火于当中，掌堂师再焚香烧纸，磕头作揖，并开始念《送马经》。

关于《送马经》，我们千方百计查找，都没有找到原版。问寨上老人，他们说，在烧马之前，应对土地菩萨有所禀告，交代之前许马的匹数，是否已如数备齐，是否举行了跳马活动，是否都献给土地菩萨老人家了；并向众神明祷告，祈求今年风调雨顺，国泰民安。现在举行烧马时，土老司所念的《送马经》，只是一个简略版：

天灵灵，　　　　　　　　当坊土地，
地灵灵，　　　　　　　　古丈县热溪村，
吾乃奉请，　　　　　　　跳马表演，

到此结束，	各路神仙，
送马升天。	带领宝马升天，
当坊土地，	保护土地方清洁，
山神土地，	人民安康，
五方五位神灵，	五谷丰登，
前来接受马登天。	人寿年丰，
一敬东方甲乙木，	安居乐业。
二敬南方丙丁水，	吾奉太上老君，
三敬西方庚辛金，	急急如律令。
四敬北方壬癸水，	神马如数献给众神。
五敬中央戊巳土。	送马升天！

《送马经》念毕，众人御下马皮（布料），将马骨架清点后，堆放在篝火中焚烧，送马上天，如数献给神明。而马皮仅在火焰上过一下，表示已烧了。因为古时布料较贵重，留下待下回跳马时再用，这正是土家人勤俭节约优良品质的表现。

烧马，同民间习俗有关联。如给亡灵送冥钱时，只有用火将其烧了，亡灵才能收到。在正月十五龙灯收灯时，也得用旺火烧龙，把龙烧得越烂越好，之后还要将龙送下海（河），让其回归龙宫。龙灯下海时，只将龙头龙尾下海，龙节和龙皮留下，以待来年再用。

五、送神

俗话说："请神容易送神难。"然而，土家跳马节却相反："送神容易请神难。"前面我们已经讲了，"请神"的套路还蛮多的。既有请，必有送，要将所请的众神，送回原居住地安息，才算大功告成。

送马上天献给土地神后，锣鼓爆竹响起，一场膜拜过后，掌堂师开始吟诵《送神辞》。

弟子迎请、奉请、叩请何神？弟子叩请热溪当坊土地、山神土地等，有堂归堂，有殿归殿，无堂无殿，各自天下游荡；弟子叩请各位先祖，各位仙师，有堂归堂，有殿归殿，无堂无殿，各自天下游荡。弟子在此奠酒，火化钱财，送神归位。

一阵紧锣密鼓响起，炮火齐鸣，彩旗挥舞，欢送各路神灵各自归去。

六、烧老爷

（一）抬老爷

前面我们已讲过，有关扎老爷和抬老爷等事项。何为老爷？《湘西土家族访问团古丈分团访问工作报告》中说："后面有一顶轿子，里面坐着判官老爷。"判官是指阎王手下掌管生死簿的官，属阴间之官，而老爷是酋长、流官、地方官等，是阳间之官。人们怀着敬畏的心情，篾扎纸糊一个老爷偶像，并抬着参加跳马盛会，使之与民同乐，指望他能好好为民做事、造福一方，祈望五谷丰登、国富民强。

土家族毛古斯表演中，也有接老爷一节，揭露了老爷的凶残，但没有把老爷烧掉。土家族跳马节中的抬老爷，很大程度上受到"迎城隍"的影响。《古丈坪厅志》中，就有治城五月二十八迎城隍会之记载。现将《茶乡风情》一书中，有关迎城隍的民俗转载于下。

迎城隍

据传说，古历五月二十八日是城隍菩萨的生日，每年的这天，古丈县古阳镇都要迎一次城隍，一则是为菩萨贺生，二则是可以驱逐瘟疫，以保人民安康。

二十八日又恰逢场期，因此，这天看热闹的特别多，小孩多半穿新花衣，一般青年人喜欢穿白竹布衣，麻草鞋，有钱的人则穿杭纺，家中养蚕的穿蚕丝衣裤，到处都是拥挤的人流。城隍庙里有两个城隍，前面坐的是行城隍，可以迎；后面坐的是坐城隍，不能迎，原因是坐城隍的左右两侧有两眼泉水，据说是龙的眼睛，坐城隍压在龙身上，要是移动了，则会涨大水，人民就要遭殃。再者，坐城隍太大太重抬不起，而行城隍较小抬起来很方便。

大约上午9时，迎城隍就要开始了。马蹄炮连响3声，首先冲出来的是10多个小鬼。他们把脸抹黑，手执叉、刀，通街乱闯，可以"抢"的东西为桃、李、油粑等食物，卖主是不能干涉的。紧接着是一个骑马的判官，他头戴判官帽，身穿大红袍，戴着长假须，涂的是花脸，左手拿一碗土红水，右手拿一支毛笔，据说小孩被判官在额上点了红，就可以清洁平安。开头被判官点红的小孩，多半是家中有势有钱的，事前和判官约定好了，因为前一、二、三名都要给判官送钱。有的小孩看见那判官凶恶的样子，吓得直哭，大人就用手遮住小孩的眼睛，争先恐后要点红。判官左顾右盼，真是应接不暇。有时，判官看到年轻漂亮的姑娘家，也故意在她额上点一下，以此取乐。判官后面是几个唱戏的，都是由十几岁的小孩扮演。使人特别感兴趣的是有个扮飞山虎刘庆的小孩，他年纪不满周岁，被套在一根长约3米多高的铁杆上面的铁圈里面，在其头上面遮一把布伞。他既不哭，也不闹，眼睛只望着周围的人群，显得十分天真可爱。最后就是城隍菩萨由4名大汉抬出来，在其前面举的是龙凤大旗，抬架上罩着吊有丝钱的布篷，有个人专门给它摇扇。由于事前给它脸上抹了茶油，看上去似乎在流汗。队伍后面跟着吹打乐，锣鼓土号齐鸣，好神气。城隍路过的地方，家家户户都要烧香点烛，摆酒肉，放鞭炮祭祀，直到街道抬遍了，才抬回庙收场。

（张加任）

由此看来，迎城隍也要举龙凤大旗，判官骑着高头大马，城隍菩萨坐在轿中巡游，城隍庙里出来的小鬼满街乱窜，锣鼓土号齐鸣，这与土家族跳马气氛相似。

（二）审老爷

一波未平，一波再起，就在土地坪烧马升天献给神灵的同时，村边小溪边，开始对老爷进行审问。一名土老司充当审判官，另一名道士模仿老爷作答。将老爷放在地上后，当审判官的土老司首先发问道："老爷老爷，今天我们土家举行跳马庆典，抬着你走遍大街小巷，威风堂堂。现在我要问你这当老爷的，今年年成好不好？"

老爷答道："年成十二分好。"

"人民是否安康？"

"人民安康福长。"

"六畜是否兴旺？"

"六畜兴旺发达。"

"人畜可有瘟恙？"

"没有瘟恙。"

"今年是否国泰民安？"

老爷无所谓地答道："这个你应该问问皇上。"

"那再问你，社会上的坏人偷扒摸抢危害百姓你管不管？"

老爷一口拒绝："这个我可管不了！"

"那寨子上牛吃麦子马吃荞你管是不管？"

老爷不耐烦了："这些区区小事我当官的就是不管！"

审判官与老爷重复一次以上一问一答，老爷态度十分傲慢，死不改口。审判官大怒："你这个老爷，大事管不了，小事不愿管，看来一定是个糊涂昏官。来人啦，把他重打八十大板！"

在一片喊打声中，原先抬老爷的小鬼，这时反仆为主，用乌梢鞭"一十……二十……三十……"重打老爷屁股八十大板。尔后，再审问第三遍，老爷还是不改口，众人怒不可遏，齐声喊道：

"把他用火烧了！"

图4-25 审老爷

（三）烧老爷

溪水边，人们堆起一堆干柴，用火点燃。小鬼抬着老爷，绕火堆旋转一圈后，将轿子同老爷一起倒放烈焰之上。老爷在熊熊烈火中，慢慢焚毁成灰。那庇护着一方老百姓的万民伞，也丢进火中烧掉。这里要说明，烧的是那顶用纸扎的小万民伞，而那顶较大的用绸子扎制的万民伞，大家舍不得烧，留着下次跳马时再用。这与烧马时只烧马骨架，不烧马皮是一个道理。但那顶大万民伞，还是要在火焰上象征性地过一趟，表示已烧了。

关于土家族跳马活动中烧老爷环节的文化寓意，仁者见仁，智者见智。我们认为，主流的说法应是：骑马操练，外御强敌；焚烧老爷，内惩贪官。

当然，还有从其他角度对烧老爷进行阐述的，不无一定的道理，这些道理无疑为土家族跳马节的深层次研究提供了更宽阔的空间。

彭荣德先生在《土家族跳马节》一文中，对烧老爷一项评论说："此俗为我们提供了一个远古的重要信息，土家族曾有过酋长公推制，而当公推出的酋长不能尽职时，即被人们焚而作祭。"

张子伟先生在《跳马·土家族远古习俗的遗韵》中，除对彭荣德先

图 4-26　烧老爷

生的观点进行详述外，还将烧老爷仪式与希腊"酒神祭"进行对比。他写道："这种审老爷、烧老爷的情节，令人大惑不解，认为有悖敬神的宗旨。其实，在原始公社制社会，部落酋长由族人推任，倘若酋长不能称职，甚至由于渎职给部落带来重大危害，则族人可以将其烧死，另行公推。此是杀神根源之一。关于杀神另有一种解释，即让这位被杀之神带走人间的灾难。古希腊的'酒神祭'有此仪式。平日公养一些出身穷苦者，让他们吃饱喝足，充分享受。一旦瘟疫流行，便让他们穿上圣衣，装扮成神，遍游各地，表明全族的灾难落在他一人头上，然后推出城外，用石头砸死。人们深信，这位'死神'已将城市里人民的灾难带出了人间。这种祭祀在西方古代农神节和狂欢节中经常可看到。土家族地区在求雨活动中也有捉神、杀神的仪式，如捉龙扛雨。其目的是用这种极端的手段，让玉皇大帝看到人间的灾难与疾苦，逼着他怜悯百姓，普降甘霖。通观中外**古祭，跳马中的烧老爷属杀神古祭，具有禳灾祈福的意味。**"

　　古希腊"酒神祭"在时间上与空间上距我们太遥远了，他们杀的

"酒神"，都是些出身穷苦者，这种活动系奴隶制社会的产物。然而，1995 年《湘西土家族访问团古丈分团访问工作报告》上，却说得很清楚，跳马民俗活动中烧老爷，杀的是判官老爷。判官属阴曹地府专管阳人生死的官，把他杀了，才能五谷丰登，六畜无瘟疫，人人清洁平安。这需要何等的勇气和胆量呀！1991 年，在古丈县龙鼻嘴看完土家族跳马傩祀表演后，土家族学者杨昌鑫先生亲口对笔者说："杀判官，表演得真好，我第一次看到傩祀活动中是如何杀判官的。"问他"杀判官"有何历史典故，由于时间匆忙，未得到详细回答。如今，他已去世，难觅答案了！

第五章

跳马保护与传承

第一节 跳马项目申报

古丈县跳马非物质文化遗产项目申报工作经历了三个阶段。

第一阶段于 2007 年 3 月，首次进行"湘西土家族苗族自治州非物质文化遗产代表作——土家族跳马节"申报工作。2007 年 7 月 20 日，湘西州政府公布为州级非物质文化遗产代表作。

第二阶段于 2008 年 9 月 10 日，进行"湖南省非物质文化遗产名录项目土家族跳马节"申报工作。2009 年 9 月 10 日，湖南省人民政府公布为省级非物质文化遗产名录项目。根据省级评审委员会专家意见，将土家族跳马节更名为古丈跳马节。

第三阶段于 2013 年 10 月，进行"国家级非物质文化遗产代表性项目古丈跳马节"申报工作。由于种种原因，未获成功。

项目申报内容简记如下。

一、项目简介

古丈跳马节，历史悠久，源远流长。其举办时间为农历春节后第一个马（午）日，属全族连寨节日性酬神歌舞盛会，流行于湘西州古丈县土家族、苗族居住地区，以古阳镇太坪村和双溪乡宋家若村为重点流行区域。相传明朝初年，迁徙到湘西古丈县境内土家勇士鲁力嘎巴的后裔，经常遭受官匪欺扰。一个大雾弥漫的早晨，村寨青壮一齐出动，杀向敌阵。敌人惊恐万状，朦胧中见来的尽是骑着高头大马的壮汉，刀光剑影，风声鹤唳，吓得魂飞魄散，不战而溃。从此，山寨安宁，六畜兴旺。为了显示力量，祈望年丰，遂举行跳马节庆活动，相传至今。所祭祀神祇为土地神。跳马活动包括许马、扎马、跳马三个阶段。据史料记载："扎马数匹，全身糊以黑白黄纸，外加粉饰，如马一般。马腰间特用竹块扎两个孔，以便人穿入孔内，表示形同骑马状态。赛跑时，无异马跳之姿势。"跳马节历时三天三夜，包含梯玛酬神祭祀、贺马、抬老爷、操旗、调年、稀可乐、出马、跳马、烧马、审老爷、烧老爷等独具民族特色的传统艺术表演。雄鸡啼鸣，铁炮三响，预示马日来临，各路旗手引着马队向马场进发。十二名骑士驾着各自战马，以跳代跑，威风凛凛地跃进跳马场。马铃叮当，鞭炮震天，鼓锣齐鸣，惊天动地。剽悍的骑手大显身手，挥舞篾刀，以粗犷的马步，多变的阵式，优美的造型，雄健的舞姿，赢得观众热烈的掌声和喝彩，从而角逐胜负。事毕，主宾相约，男歌女唱，吹乐击鼓，随人所好，尽兴娱乐，直至天明。跳马集歌舞技艺于一炉，再现了先民生活、劳动、战斗、祭祀场面，对研究湘西土家族、苗族的迁徙、习俗和民族文化均有较高的价值。

1989 年，中央电视台在《神州风采》栏目中播放了古丈跳马节的盛况。1991 年 10 月，中国少数民族傩戏国际学术讨论会在古丈县默戎镇举办，国内外 200 多名专家学者观看了古丈代表队跳马表演，并获赠"乡情达四海，傩艺传五洲"锦旗一面。

二、项目基本信息

（一）所在区域及其地理环境

古丈跳马节盛行于古丈县古阳镇、双溪乡及其附近土家族、苗族聚居的乡镇。古阳镇现由古阳镇和城关乡合并组成，是古丈县政府所在地。民谣曰："古丈县城在窝坨，四面青山茶叶多。"古阳镇四周群山环抱，中间为低平河坝，是朝阳之地，故名古阳镇。这儿气候湿润，土质肥沃，多溪流山泉，是古丈毛尖茶主产地。太坪村位于古阳河上游，距县城 6 千米，有省道 1828 线及枝柳铁路通过，交通便利。这儿跳马节歌舞活动盛行。

（二）历史渊源

后晋天福五年（940），溪州刺史彭士愁与楚王马希范，在古丈县境内的下溪州歃血盟誓，立下闻名遐迩的溪州铜柱。土家英雄向老官人（向宗彦）与鲁力嘎巴（鲁大王）的后裔，为避战乱，先后沿酉水、古阳河迁至一个名叫热溪（今太坪村）的大山中，生息繁衍了土家族人。土家族自古是个能歌善舞的民族，千百年来长期积淀形成的原始礼仪中，具有神秘的楚声遗韵。而在这背景下所形成的以酬神还愿为目的的傩祀傩戏，以祭祖为主要内容的社巴歌舞和毛古斯，深深烙印在人们的心灵中。迁徙热溪一带的鲁氏、向氏族人，将土家古老歌舞和傩祀有机地融合起来，并融进邻近苗族古老文化因素，逐步形成了独具特色的跳马节庆习俗。

（三）基本内容

跳马节内容非常丰富，有许马、择日、扎马、操旗、调年、贺马、稀可乐、出马、祭神、跳马、烧马、抬老爷、审老爷、烧老爷等内容。土家举行跳马祭祀活动，酬谢土地神，祈望年丰，六畜兴旺，国泰民安，并以跳马形式进行操练，显示力量，以歌舞形式表达欢乐之情。古丈跳马，从祭祀范围来说，属于地区连寨之祭；从时间上来分，为节日性的祭祀。它的活动宗旨是还愿，举行隆重的跳马表演，送马上天献给土地神。跳马整个活动内容非常丰富，包罗万象，既有酬神环节，又有人们自娱自乐的场面。古丈跳马其实是"三年两跳"，不是每年都举行。跳马节起源大约在明初时期。据老人回忆，热溪村1942年举行过一次，抗日战争胜利后还举行过两次。同时期，宋家若也举行过两次。

（四）主要特征

一是连寨节日性歌舞盛会。跳马节的活动以土家族村寨为主体，同时，邀请苗族、汉族同胞参加盛会，举行热闹的贺马表演。苗族的舞狮、捞虾，汉族的龙灯、九子鞭也参加演出，体现了各民族文化的交流互鉴和民族大团结。

二是祭祀活动与歌舞活动相结合。跳马节上举行祭祀土地神仪式，并举行跳马舞表演，最后烧马，意即将马献给土地神，祈望年丰。

三是民族歌舞大汇串。土家族固有的摆手舞、毛古斯、操旗舞和跳马舞在这里尽情展示。

（五）重要价值

文学艺术研究价值。土家族诸多民族民间艺术在跳马民俗中都有较全面的展示，并在继承的基础上有新的发展。如山鬼子在稀可乐中，表演的是毛古斯中的毛人，其对话与屈原《九歌》中山鬼与女巫之间的对话十分相似。

历史研究价值。古丈跳马节的诸多仪式，唱词和表演中，保存了远古时代的许多珍贵资料。这些资料对于土家族历史、文化及族源研究具有重要意义和价值，也为土家族与楚族、土著、巴人之间的渊源关系研究提供了新的思路。

艺术观赏价值。摆手舞舞姿优美，粗犷大方；操旗舞、跳马舞又以矫健的舞姿，多变的阵容，优美的造型，表现紧张的操练和激烈的战斗场面。土家跳马节的纪录片在中央电视台和各地方电视台播放后，受到观众的热烈欢迎。

稀缺性价值。跳马节仅古丈县有，其他地方未发现，保护价值更高。

（六）存续状况

一场跳马活动历时三天，演员人数多达 100 人，耗费巨大，故不是每年必跳，常在丰衣足食的年份举行。从 1948 年至 1989 年相距 40 多年未曾举行过，大部分参与活动的土老司与民间艺人相继去世，现在的老艺人已为数不多。故有关跳马的资料失传很多。譬如"跳马经"就已无法找到原始唱本。而今，大部分青年男女纷纷外出打工，留下的都是老人和小孩，培养传承人存在许多困难。古丈县这一独特的民族文化遗产，亟待被抢救。

（七）相关制品及其作品

古丈跳马相关制品有土家族龙凤大旗、彩旗、朝代旗、司刀、铜铃、唢呐、土号、锣鼓、道具马、纸扎老爷、万民伞，其民族服装 80 余套，一应齐备。

有关古丈跳马论文作品：《土家"跳马"与民俗》《土家族"跳马"考察》《热溪"跳马"的内容、形式与意义》《土家"跳马"初探》《土家"跳马"的自娱性》《土家跳马节》等。

第二节　跳马代表性传承人及跳马协会

古丈跳马代表性传承人申报工作从 2009 年开始。2009 年 7 月 15 日，太坪村鲁选明被州人民政府公布为州级非物质文化遗产项目"古丈跳马节"代表性传承人。2009 年 8 月 15 日，进行省级非物质文化遗产代表性传承人鲁选明申报工作。2010 年 7 月 12 日，省人民政府公布鲁选明为省级非物质文化遗产"古丈跳马节"代表性传承人。2015 年 6 月，进行湘西州非物质文化遗产项目"古丈跳马节"代表性传承人鲁德军申报工作。2015 年 9 月，由湘西州人民政府公布鲁德军为州级非物质文化遗产"古丈跳马节"代表性传承人。与此同时，跳马活动在全县蓬勃兴起，汇集了一大批热爱民间文艺、民俗表演的社会各界活跃人士。2013 年 3 月，由古丈县古阳镇太坪村村民委员会组建的"古丈县跳马协会"正式成立。

一、传承人简介

鲁德军，男，土家族，生于 1958 年 4 月 7 日，古丈县古阳镇太坪村农民。鲁德军自幼受到土家族文化的熏陶，其父亲、三叔、四叔都是跳马活动组织人。他从小虚心向父辈们学习跳马祀仪、跳马、操旗、调年等技艺，积极参与土家族跳马节活动，成为骨干成员。其父亲为该项目省级传承人，父亲去世后他继任主持跳马活动的梯玛。

1989年2月首次恢复跳马节活动时，鲁德军担任跳马队队长。1991年10月，在"中国少数民族傩戏国际学术讨论会"上进行土家跳马傩祀傩舞田野表演。1995年，参加湘西州电视台《把丰收喜悦跳出来》专题音乐片的拍摄，表演跳马舞，为节目增色添彩。2002年，参加省电视台《乡村发现》栏目拍摄，其土家跳马表演获李兵赞赏，播出后又受到社会广泛关注。2013年1月，他担任梯玛主持太坪村跳马节活动，受到群众的高度称赞。为了不让土家跳马失传，他还给儿子鲁冬健传艺，使跳马活动后继有人。2013年3月12日，他任"古丈跳马协会"社团组织法定代表人，为土家跳马传承发挥重要作用。

鲁德军担任跳马队长时，带领队员将跳马舞表演的优美雄健，特别是整齐的操练和激烈的战斗场面，把节日气氛渲染得如火如荼，别有情趣。任梯玛主持祀仪时，极富表现力和感染力。

鲁选明（1930—2011年），男，土家族，1930年2月出生，小学文化，湖南省古丈县古阳镇太坪村人。他自幼学习跳马技艺，扮演过小鬼、旗手、骑士等角色。后来他师从土老司（梯玛）鲁明海学习操旗舞、调年舞、跳马舞及土老司祭祀等演艺。1989年农历正月十王，首次恢复中断近40多年的土家族跳马节活动，他担任土老司，主持活动全过程。湖南省和湘西州电视台《湘西行》摄制组全程进行录像，并在中央电视台《神州风采》栏目播放，深受观众喜欢。1991年，鲁选明参加"中国少数民族傩戏国际学术讨论会"田野土家跳马表演，受到国内外专家赞赏。2008年，他获州级非物质文化遗产《土家族跳马节》代表性传承人称号，2010年，他获省级非物质文化遗产《古丈跳马节》代表性传承人称号。2011年鲁选明病故，享年81岁。

二、传承谱系

代别	姓名	性别	文化程度	民族	出生年月	角色	备注
第一代	鲁明海	男	小学	土家	1925 年 11 月	土老司	已故
第二代	鲁选明	男	小学	土家	1930 年 12 月	土老司	已故
第三代	鲁选福	男	小学	土家	1938 年 8 月	司乐	
第四代	鲁德军	男	中专	土家	1958 年 4 月	梯玛	
第五代	鲁冬建	男	大专	土家	1981 年 6 月	马队	

三、成立跳马协会

为了有效地保护和传承独具特色的省级非物质文化遗产项目"古丈跳马节"，2013 年 3 月，古丈县古阳镇太坪村村民委员会进行"古丈县跳马协会"的申报工作。2013 年 3 月 12 日，古丈县民间组织管理局下发批复，同意正式成立"古丈县跳马协会"，会员 60 名。协会宗旨是为广大村民服务，开展文化和其他活动；传承非物质文化遗产跳马传统习俗；建设和谐社会，活跃民间文化生活。

四、申报跳马艺术之乡

2007 年 3 月，根据湘西州文化局安排，古丈县着手进行"古阳镇跳马艺术之乡"的申报工作。经层层审核，2007 年 10 月，古丈县"古阳镇跳马艺术之乡"的申报获湘西州人民政府批准，并授牌。

申报录像片解说词如下。

　　土家跳马节流行于古丈县古阳镇太坪村和双溪乡宋家若村及其附近土家族聚居的村寨，其历史悠久，源远流长。相传土家英雄向老官人和鲁力嘎巴的后裔，为避战乱，沿酉水、古阳河迁往古丈县境内的热溪大山之中，披荆斩棘，生息繁衍了土家族人。土家族自古是个能歌善舞的民族，千百年来长期积淀形成的以酬神还愿为目的的傩祀傩戏，以祭祀为内容的社巴歌舞，深深烙印在人们的心中。这支土家族人，将土家古老歌舞与傩祀傩戏有机地融合起来，并借鉴苗族、汉族古老文化因素，逐步形成跳马节庆歌舞活动。

第六章

跳马研究论文选编

土家族"跳马"考察

一、跳马简介

纱箩作头，挑篮作身，枇杷叶作耳，棕树叶作尾，土家后生骑着扎制的战马，跃进马场，这是居住在湘西古丈县土家族人，于岁初第一个马日所举行的盛大酬神还愿活动——跳马。湘西知名学者石启贵先生在1940年所写的《湘西土著民族考察报告书》对跳马曾作如下描述：

如地方突起人畜瘟疫，虫蝗旱灾，其他禳解无效时，方叩许之。叩许此神，不能即时酬还，必得岁丰之年。始酬祭之……并扎马数匹，全身糊以黑白黄纸，外加粉饰，如马一般。马腰间特用竹块扎两个孔，以便人穿入孔内，表示形同骑马状态。赛跑时，无异马跳之姿势。扎马至少要扎5匹，多则8匹，喜欢热闹的人，也可以做。以桌一张，摆于跳马坪中为神坛，桌上摆些酒樽肉献。马场插满五彩旗帜，星罗棋布，井井有条。燃烛烧香，觋师念咒，杀大猪一头以祭之。先上牲而后上熟。祭祀完毕，方许跳马……远近村人，踊跃前来观看者不少。亦有玩狮子、龙灯者。跳马完毕，留客夜宿，餐后晚间主宾相约，男女歌唱，一唱十和，以赛优劣，一般听者，赞声助兴。甚有歌师，男与男唱，女与女唱，大展本能，各显神通。不会歌者，吹乐器，跳鼓舞，随人所好，尽情娱乐也。

土家跳马，从祭祀范围来说。属于地区性连寨之祭，从时间上来区分，为节日性的祭祀。它的活动宗旨是还愿，举行隆重的跳马表演，送马上天献给土地神。跳马整个活动内容异常丰富，包罗万象，既有酬神表演，又有人们各种自娱自乐的节目。跳马是土家先民生活、劳动、战斗、祭祀、娱乐场面的生动再现，对研究土家族迁徙、习俗、原始宗教意识和民族文化艺术均有较高的价值。

二、跳马内容

（一）许马

湘西土家先民避居深山，生产力水平极低，认识自然经过了万物有灵、图腾信仰和巫术等历史阶段。人们为了祈望风调雨顺，五谷丰登，六畜兴旺，于是向主管土地及五谷杂粮的土地神许愿。土家认为马是最宝贵的礼物，唯有马才能充当祭品。农历二月初二，相传为土地神生日，届时由寨主领头，每家一人，抬着香纸蜡烛，在土老司（梯玛、巫师）主持下，来至村头的土地坪，向土地庙中的土地菩萨许愿。先上牲，即抬着活猪以供；后上熟，即用猪头及全副杂碎热气腾腾地敬土地神。众人一齐跪下，磕头、奠酒，土老司念念有词。

"抬头望青天，师傅在身边，来到当坊土地殿前……领受在前，保佑在后。千年毛猪一头，凤凰鸡一只，敬你老人家，保佑寨上清静平安，五谷丰登。今年年成好了，我们就跳马。现从六匹许起。阴阳隔纸不得相见，以筊为凭。"若连得阴阳圣三筊，意即土地神已答应了；若没得，两匹两匹往上加，直至十二匹时，土老司才开口："一年十二月，给你老人家谢个月月红。"若此时再抝筊，只好再加两匹，许到十四匹，其中两匹归领寨去扎。

除许马之外，还要许炮火（鞭炮），同样以筊为凭，十万响为限。许马仪式完毕，用一红布披挂在土地神头上。参加仪式的众人，通通在土地坪，共食猪羊，以示庆贺。

（二）择日、扎马

许马后，春耕将至。人们经过一年的辛劳，秋后粮食丰收，遂择日跳马，以酬谢土地神。按天干地支记日法，农历正月头一个马日（午日）定为跳马日。有时，亦选择正月十五那晚举行，以便安排各项活动，为元宵之夜增辉添彩。

扎马一般安排在腊月间，地点在村外溪边一个名叫马扎冲的岩爬，一切花费由众人筹集，有钱出钱，无钱出力。人们因陋就简，用纺线的纱箩作马头马颈，用运粮的挑篮作马身，用被单作马皮，用枇杷叶作马耳，用棕树叶作马尾鬃毛，加以彩画裱糊，即成一匹雄壮战马。一首民谣这样描绘道：

> 热溪土蛮有舌根，不等三年装马灯，
>
> 两个纱箩来作嘴，一床被单盖脚裙。

如今人们嫌马扎冲路远不方便，改为将其中一匹马在那儿扎，其余的就在村外一个偏僻农舍扎制。马扎完毕，得挑选身强力壮的后生担任骑士，在村边不显眼的地方进行操练，做到动作熟练，不露破绽。

（三）操旗、调年、贺马

马日的前三晚（有时甚至前七晚）都要举行操旗表演。正旗有十二面，长方形，为红蓝黄绿各色，最大的是龙旗凤旗，绲边带丝；陪护旗数杆，为三角形（娱蚣旗）；此外还加进朝代旗，如前面提到的"咸丰"旗。所谓操旗，就是旗手们拿着彩旗，在锣鼓点子的指挥下，进行列队与操练，其步伐有慢步、细步、梭步、快步、跑步等，队形变化多端，彩旗迎风飘扬，令人眼花缭乱，旁观者大放鞭炮，以示鼓励。操旗队伍沿着村寨街头巷尾进行，最后来至土地坪，将操旗表演推向高潮。操旗一般都在傍晚举行。

操旗之后，就开始调年。土家打鼓调年就是跳社巴舞。社巴舞亦称摆手舞，是土家人民喜闻乐见的一种传统歌舞。"正月初间，男女齐集，一起唱歌跳舞，被除不祥，名曰摆手，又谓之调年。"这里的调年规模不怎么大，且不用土老司主持。男女老少自行组织起来，在锣鼓声中围圈而舞，尽情欢跳，两人一组，面面相对，踢踏摆手，翩跹进退，扭腰旋转，刚健有力，大都跳些模拟农活的动作，舞姿矫健，粗犷大方，乡风浓郁。人们边调边唱，有对美好生活的向往，也有男女双方的爱慕表白。调年一直要进行到天然黑才收场。与此同时，土地坪两边，人们爱看的地方戏（高腔、阳戏、灯戏等）也纷纷敲响闹台，大唱对台戏。观众随人所爱，选择自己喜欢的节目欣赏。

以上活动，一直要延至马日前夜。马日前一天下午，还要进行一场热闹异常的贺马表演。贺马，顾名思义，即祝贺土家跳马节。邻近的客家和苗家与土家早有姻联关系，彼此和睦相处。他们特别组织庞大的龙灯、狮子灯、武术贺马队伍，抬着用竹摇竿绞着的长串鞭炮以及三眼炮，在鼓锣声中浩浩荡荡向土地坪汇拢。主人亦出动溜子队、操旗队，抬着老爷出寨去接，在土地庙前同拜土地神，拜毕，立即举行玩龙舞狮表演，共庆土家盛大节日。

（四）稀可乐

稀可乐表演是在马日前一天晚上，紧接操旗与调年之后。稀可乐表演者为男性，有的头戴罗皮帽，有的用帕子遮着脸，有的倒披蓑衣，装扮成一群山鬼子从马扎冲呐喊着冲进土地坪，表明山鬼子也高高兴兴地参加土家跳马盛会。他们在灯笼火把油香的映照下，在坪场当中分头表演打粑粑、钓鱼、扎篾、捞虾、算命、打卦、打莲花闹、送春、打九子鞭、打溜子、吹木叶、春牛耕田等妙趣横生的原始动作，并与观众交流感情。如打粑粑的两个男士，蓑衣倒披，用勾勾槌向粑粑槽（地面）使劲反复捶打。扮演妇女的在一旁表演做粑粑动作，并向围观人群送粑粑："你一坨，他一坨，中间还有一大坨。"又如春牛耕田，装牛的（一人或二人）皮褂子反披着，用枇杷叶作牛耳，用稻草扎两只角，在前面爬行，摇头摆尾装成拉犁状，另一农民戴着斗篷蓑衣，掌着木犁（去掉铧口），手拿竹鞭驱牛耕田，喝骂之声不绝于耳，将田间劳动情趣表演得淋漓尽致。有时，两头牛碰在一起，表演激烈诙谐的牛打架，惹得观众捧腹大笑。算命盲人拉着胡琴，给观众用土话算命。钓鱼的手拿钓竿，随时向人群中抛饵，猛扑过去声称抓到一条大鱼（一般是逗惹年轻妇女）。捞虾者多系苗家妇女，她们背着小孩，手拿三角捞兜，腰系篾篓，穿行人缝间，作捞虾、提兜、捧虾、装虾等连续舞蹈动作，天真烂漫，滑稽可笑。稀可乐表演带有较浓厚的生活气息，反映了土家人民纯朴、开朗、幽默、风趣的性格，表演中既夸张，又不乏细腻。

随着时代的发展，如今表演稀可乐的有男也有女，再不搞男扮女装，衣裳也较讲究，接近生活和舞台装束。道具也较真实，如用真糯米粑或萝卜片片作道具，向观众抛去，众人抢粑粑，有点像土家上梁甩梁粑的味道，将稀可乐表演推向高潮。表演稀可乐时间较长，无论男女老少，主人宾客，演员观众，全体出场，逗趣耍笑，插科打诨，尽兴娱乐，各得其趣，直至深夜，真谓可喜可乐也。

（五）出马、祭神、跳马、烧马

当寨上雄鸡啼鸣，宣告马日来临。铁炮轰响头遍，凡参加跳马活动的人各自回家吃夜宵（禁止吃酒）；二排炮响后，跳马队浩浩荡荡沿着马道向土地坪奔来，沿路点燃大股大股油香，照得如同白昼。马队三人一组，骑士们头戴草帽，手举篾刀，扬鞭催马，威风凛凛；赶马人头戴纱箩帽，一手握刀，一手拿棕扇（防炮火烧马皮）尾随其后；旗手高擎战旗，马前开道。整个队伍游行次序为：土乐队、旗队、土老司队、抬老爷队，最后是马队。此时，鞭炮齐鸣，鼓锣喧天，马铃叮当，热闹非凡。剽悍的骑士大显身手，以跳代跑，所向披靡，杀气腾腾地向跳马场（土地坪）挺进。

大队人马来至马场后，由二名土老司及一名女巫带领，在土地庙前设坛祭祀，点燃香纸蜡烛，献上猪头酒菜。掌堂师念咒几遍，带领众人及马队向土地神虔诚跪下，磕头三次，转身向天地磕头三次。祭礼毕，鼓锣、万民伞、大旗放置当中，马队旗队入场进行跳马表演。抬老爷的在四周往返打旋观看。围观的群众人山人海，在圈定的范围外观看精彩的跳马舞。马队在锣鼓点子的指挥下，在热烈的炮火号乐声中，绕场数周后，以刚劲粗犷的马步，变化多端的队列，优美雄健的造型，表现紧张的操练和激烈的战斗场面。时而马场闲步，时而互相嬉戏，时而冲锋陷阵，时而万马奔腾，把节日气氛渲染得如火如荼，别有一番情趣，赢得众人阵阵掌声和喝彩。跳马表演历时大约两个钟头，其间鼓乐不停，炮火不止，花费颇巨。

尽兴表演完毕，马队旗鼓队送老爷至村后溪边，再返回土地庙前。土老司焚香烧纸，口念《送马经》，遂将马骨架堆放在一起，放入熊熊烈火中，意将马如数献给土地神。

（六）抬老爷、审老爷、烧老爷

老爷为黎民百姓父母官，理应受到人民的尊敬和爱戴。于是，人们用竹子扎一乘敞篷大轿，并精心制作如真人一般大小的官吏，头戴乌纱帽，身穿长袍，端坐轿中，由两名小鬼抬着，四名小鬼手拿乌梢鞭前呼后拥，一顶万民伞开道，鱼贯而入，好不风光。官老爷今天也闲下心来，与民同乐，观看跳马盛典。据说以前县城里的县官老爷，常骑着真马亲自观看跳马。当跳马表演结束，马队送老爷于村后，举行烧马的环节，同时开始对老爷进行审问。一名土老司充当审判官，另一名土老司模仿老爷作答。将老爷放在地上后，审判官首先发问："老爷老爷，今天我们土家举行跳马庆典，抬着你走遍大街小巷，威风凛凛。现在我要问你这当老爷的，今年年成好不好？"

老爷答道："年成十二分好。"

"人民是否安康？"

"人民安康福长。"

"六畜是否兴旺？"

"六畜兴旺发达。"

"六畜可有瘟恙？

"没有瘟恙。"

"今年是否国泰民安？"

老爷无所谓地答道："这个你应该问问皇上。"

"那再问你，社会上的坏人偷扒摸抢危害百姓你管不管？"

老爷一口拒绝："这个我可管不了！"

"那寨子上牛吃麦子马吃荞你管是不管？"

老爷不耐烦了："这些区区小事我当官的就是不管！"

审判官与老爷重复一次以上一问一答，老爷态度十分傲慢，死不改口。审判官大怒："你这个老爷，大事管不了，小事不愿管，看来一定是个糊涂官。来人啦，把他重打八十大板！"

在一片喊打声中，原先抬老爷的小鬼，这时反仆为主，用乌梢鞭"一十、二十、三十……重打老爷屁股八十大板。尔后，再审问第三遍，老爷还是不改口，众人怒不可遏，齐声喊道：

"把他用火烧了！"老爷于是在熊熊烈火中被焚毁。

三、跳马源流

土家跳马酬神还愿活动，内容丰富、完整，包罗万象。然而，如此大型的民族节日祭祀活动至今才被发掘出来，故有关它的资料非常少。石启贵先生在 20 世纪 30 年代末期调查中，还未亲眼看到此俗，故文章一开头就说："苗人跳马，亦为盛会之一。因耗费甚巨，故二三十年方举行一次。此俗，惟古丈部分苗族有之。"他把三年两跳误写成"二三十年方举行一次"，似乎观日全食一样，一生难逢几回。故他在煞尾又曰："此地苗民，虽有跳马之俗，然数十年来，未闻跳马之举。编者考察所得，姑且记之，备为后人参考。"不能责怪石启贵先生，只因他于 1938 至 1940 年来湘西考察，恰逢日本大举侵华，国难当头，民不聊生，还搞什么跳马！其实，抗战胜利后的 1946 年和 1948 年，曾举行过两次盛大的跳马活动。

《民俗》1990 年第 2 期上刊载了《土家族的跳马节》一介绍性短文，作者开头这样写道："在土家诸多巫祀活动中，'马'十分活跃。土家族巫师自称'梯玛'，便是以马而名。梯玛可译为马巫，即马族之巫或以马作通神坐骑之巫。龙山坡脚、保靖比耳一带的梯玛还称马扼，即行马者。苗市一带的梯玛还称马哈，即驾马者。巫师—梯玛作祈襄之祭，驱邪之祭，求嗣之祭，赎魂之祭，送亡之祭，打胎之祭，等等。其祭马、歌马、舞马，确实是'马'味很浓。但像跳马节这样气势磅礴的专祀马神祭典，既不多有，也不多见。"

　　笔者认为以上论点值得商榷。从前面的介绍中不难发现，跳马并不是敬马神，而是用马作祭品，来敬奉土地神。梯玛跳神，仅以马作通神坐骑。土家图腾崇拜中，目前似乎还没找到马族，而是"万物有灵和白虎崇拜。"（《土家族简史》第271页）。一般来说，图腾的子孙禁忌杀或食用所崇图腾。前几年，在土家聚居的酉水河畔的古丈县河西白鹤湾战国楚墓群中，出土了两枚肖形"白虎"印章，又为湘西土家先民图腾信仰提供了珍贵的实物佐证。附带说一句，在土家动物语汇中，单单没有"马"的专用名词，与汉语"马"同音。看来，探讨土家跳马源流，只有从跳马活动的诸多内容和艺术特色上去寻找。

　　说起跳马的来历，本地土家人中有这样一段关于民族迁徙的传闻。土家《酉水号子》中有这样一段唱词：

　　　　大茨滩，小茨滩，鲁王镇坐石马潭。
　　　　人头矶，人头像，活神当年鲁大王。

　　原住酉水古渡石马潭的土家勇士鲁力嘎巴（鲁大王），遭奸佞陷害，在公羊坪下的人头矶投江自尽前，在光滑的石壁上用指甲抠了自己的人头像（人头像至今犹存水库下，此处故名人头矶）。三个儿子连夜出逃来到打烂坳（今罗依溪镇），将三脚撑架打烂，各拿一只脚分手，作为日后相认的凭据。土家族进屋不许踩三脚撑架的习俗来源于此。大哥沿溪河（古阳河）来到沿头热溪往下，二哥去永顺塔卧，三哥到高望界上的鲁家寨。大哥来热溪安家后，生息繁衍了数代。由于家族人口较少，力量弱，经常遭受官匪的欺压，被迫于一个大雾弥漫的清晨，全寨青壮一齐出动，杀往敌阵。敌人惊恐万状。朦胧中见来的尽是些骑着高头大马的壮汉，刀光剑影，风声鹤唳，吓得魂飞魄散，不战而溃。从此，山寨安宁，人畜两旺。事后得知其中奥妙，土家人认为是土地神在暗中保佑，于是举行祭祀活动，酬谢土地神，祈望年丰；并以跳马形式来显示力量，以歌舞形式表达欢乐之情，这样就形成跳马习俗。

此传闻能否当作跳马的起源，还有待商榷。因为如此丰富多彩的跳马活动，不是一朝一夕所能形成的。土家族自古是个能歌善舞的民族，千百年来长期积淀形成的文化和习俗，有机地融汇到光怪陆离的原始礼俗中，具有神秘瑰丽的楚声遗韵。而这背景下所形成的古老的以酬神还愿为目的傩祀及傩坛戏，以祭祖和传统歌舞表演为主要内容的社巴歌舞和毛古斯，深深烙印在人们心中。笔者认为，土家跳马正是与传统的祈傩愿、社巴歌舞和毛古斯有着千丝万缕的联系，有着密不可分的渊源关系。土家跳马活动是特定的自然、历史、政治环境的必然产物。笔者从以下几方面谈谈自己的粗浅看法。

（一）许马及跳马整个活动，是梯玛还愿迎傩神驱疫消灾祀仪的演变

"傩堂戏的发展过程大体经历了傩、傩舞、傩仪和傩戏。傩舞源于久远的蒙昧时期，先民们在同大自然、毒虫猛兽作斗争中，便产生了以化装的方式来护面，在鼓乐声中奔腾呼号，冲杀跳跃的原始傩舞。其所模拟的鸟雀舞、猿猴舞、熊舞等颇为壮观。傩舞与傩这种驱鬼消灾的祭祀结合后，增加了祈求人兽平安、五谷丰登、缅怀祖先、劝人去恶从善，以及传授生产知识等内容。这就逐渐形成为兼备阐弘教义及娱乐性质的祭祀风俗歌舞。"（《土家族文学史》）

我们古丈县是个历史悠久的地区，远在春秋战国时期，为楚率师袭巴之古战场。几年前，我县白鹤湾楚墓群出土 300 余件珍贵文物，尤以铜铁兵器居多，可以想象当时战争之频繁，之浩大，之残酷。至于古丈坪地名的来由，也颇具风趣。"蔡苗椎牛伐鼓，会众赛神，祭后受福各饮牛血，谓之曰吃牯脏。据苗俗记载，因其地处万山之中，每多瘴疠，数年一次，触之则不得生，乃于春之岁首，大宴亲族于宽坪，相与奏鼓驰驱，故名其坪曰鼓瘴。此数说者，或假其音，或因其俗，想当然耳。惟古仗场之说尤为有据。""……还傩愿，请巫师酬神，亦报赛之意。"（《古丈坪厅志》）由上可见，椎牛、吃牯脏、还傩愿等一类迎神驱灾祭祀活动，在古丈坪一带自古十分盛行。

"土家族信奉的神有傩神、八部大神和土地神等，作为一种宗教活

动，这种原始信仰与社会生产活动、文娱活动及民族习俗是融为一体的。"（《土家族文学史》）远徙热溪一带的这支土家先民，可谓孤军深入苗区和汉区，且距治城古丈坪不远，原始的梯玛还愿等傩祀表演，在这巫祀活动十分活跃的地区很难找到较多的观众。土家族的傩愿戏与汉族的傩愿戏没有本质的区别，失去观众，艺术难以生存发展。为使民族传统文化不至泯灭，得另辟蹊径。于是，大家将敬奉傩神公公和傩神娘娘，改为敬奉土地公公和土地婆婆，将单家独户求神许愿变为群体连寨求神许马，将演傩坛戏酬神转化为以跳马为主的各种歌舞表演。可以这样说，跳马是将"通神的坐骑"献给土地神的一项大型祭祀活动。

（二）跳马、操旗、调年是从摆手舞中分离出来的不断丰富和完善的单个祭祀歌舞

《古丈坪厅志》载："土俗各寨有摆手堂，每岁正月初三至初五六，鸣锣击鼓，男女聚集摇摆发号，名曰摆手，以被不祥。"清朝文人一首竹枝词对其盛况曾作如下描绘：

> 田家洞畔社场开，姊妹双双赴会来，
> 一尺云鞋花满口，也装莲步入歌台。

尽管学术上对摆手舞源于巴渝舞有所争议，然而，"春秋时楚子灭巴，巴子兄弟五人流入五溪，各为一溪之长"（《永顺县志》）之记载是事实。晋代《华阳国志·巴志》载："巴师勇锐，歌舞以凌殷人，殷人前徒倒戈。"到了汉代，被汉高祖刘邦命名为巴渝舞，是一种战舞。其作用是鼓舞士气，威慑敌人。既是武舞，必是群舞，必有战鼓助威。到了汉代，巴渝舞演变为宫廷歌舞，隋代后则渐消失，但民间巴渝舞并未泯灭，其军事歌舞在土家摆手舞中继承下来了。"摆手舞双手摆动，正是为了表现勇锐和劲勇，模拟军事与狩猎，抒发土家族的心理内质。"（彭武一《摆手舞与巴渝舞》）跳摆手舞时龙凤大旗及各色三角旗走在前面，祭祀队手执刀棍祭品，乐队有锣、钹、唢呐、土号，炮仗队有鸟铳和三眼炮外

加爆竹。沿路炮火连天，威风凛凛，与跳马节气氛十分相似。摆手舞是以纪念祖先、祈求岁丰为目的的大型祭祀歌舞活动，是民族共同心理和民族感情的一种反映。它有大摆手和小摆手之分。大摆手规模庞大，参加者多达数千，有战舞性质。小摆手表现在所祀之神多为各村各族的祖先神，规模较小，表现部分农事生产活动。热溪一带的土家人，是无能力举办大摆手活动的，于是将大摆手之列队、披甲、赛跑、马前舞、出旗等军事竞技类舞蹈抽出来，加以移植、改进，成为跳马舞和操旗舞。例如，骑士以锦为甲，以马步替代跑步，以扎制的假马替代梯玛铜铃上的马头，大有临战之气氛，并以旗队单独操练显示土家人劲勇尚武的天性。至于调年舞，则保留原小摆手中农事生产活动和谈情说爱部分，群众自发参加，实属自娱自乐的活动。

（三）稀可乐、抬老爷是原始戏剧毛古斯的变种

毛古斯在古丈土家地区叫故事帕帕，是土家族一种极其古老的表演艺术，与社巴舞穿插进行。它有歌有舞有对话，还有大量的生产动作，简单的情节与场次。演出者身扎稻草，头佩草辫，所表演的内容多与纪念祖先、教育后代有关，是古老的原始戏剧活化石。它所保留的节目中就有接老爷、钓鱼、打粑粑、做阳春、打猎、吹木叶、唱山歌等，再现了古代渔猎过程，反映了劳动的艰辛，以及获得生活资料后的欢乐，也有对剥削者的愤懑和反抗。毛古斯中的毛人与稀可乐中的山鬼子及抬老爷中的小鬼性格极相似，甚至连有些对话还非常接近。如毛古斯中有这样一段对话。

"你们从哪里来？"

"我们从岩坎脚下来的。"

"你们昨夜在哪里睡？"

"我们昨夜在棕树脚下睡。"

"你们吃的是什么？"

"我们吃的是棕树籽籽。"

"你们喝什么？"

"我们喝的是凉水。"

> "你们穿的是什么？"
>
> "穿的是棕树叶叶。"

稀可乐在入场后亦有一段人鬼之间的对话。

> "你们从哪里来的？"
>
> "我们从马扎冲来。"
>
> "你们住在哪里？"
>
> "我们住在岩爬爬。"
>
> "你们吃些什么？"
>
> "吃的尽是些棕苞籽籽。"
>
> "你们穿什么？"
>
> "穿水麻叶衣服。"

还有，毛古斯中钓鱼、做阳春、打粑粑等节目，在稀可乐中亦有相应的表演。虽然情节比较简单，但独具特色。如用牛耕田闹春耕就很直观，有看头，惹人发笑。稀可乐表演最大特点是，全体演员同时登场，各居一隅，各演各的，互不干扰，有时还配合默契，这是与毛古斯的最大区别。在这样大的复杂的场合下，表演的情节只能是比较简单，能让人一目了然。

现在着重谈一下跳马中抬老爷与毛古斯中接老爷之间的关系。毛古斯接老爷，在坐轿老爷与抬轿的毛人表演过程中，对老爷的凶残是有所揭露的。跳马中抬老爷同样抬着老爷，目的是迎神逐疫（将神人物化）。事后，不但揭露了他的失职和无能，还罢了他的官，将他焚烧掉。这不能说不是一项惊天动地的创举，将农民反抗封建专制的斗争演得淋漓尽致。

关于烧老爷这一习俗，有人认为为我们提供了一个远古的重要信息：土家曾有过酋长公推制，而当公推出的酋长不能尽职时，即被人们焚而作祭。此话不无一定的道理。不过，从另一个侧面讲，我认为这反映了土家人民对神权和族权思考的最后抉择。远古时期，特别是八百年土司时期，梯玛阶层已相当成熟。他们集神权、族权为一身，是人神合一的统一体。他既是神的代言人，转达神旨，又是人的代言人，能面神祈求，为人排忧解难，消灾除病，保佑人丁兴旺，因而社会地位极高。到清康熙年间，国家政权已稳固，雍正五年（1727）实行改土归流，由清政府派流官代替世袭土官，解散土司，梯玛渐被冷落。这里且不淡这一措施对社会发展所起的推动作用，而只专门研究巫政分离后土家对流官（老爷）和神巫的看法。显然，土地神在土地庙里，人们顶礼膜拜，许愿还愿，并举行跳马来祭之，而对贪赃枉法、不为民作主的流官，则十分憎恨，在神威十足的马日，借口把他当众烧毁，以解心头之恨。

（四）土家跳马诸多活动，很大程度上受到汉族和苗族习俗的影响

我国各民族文化都曾经历过互相借鉴、渗透和融合的过程。土家族是中华民族中的优秀一员，性格质朴，和睦友善，尤其在文化艺术上善于吸收外来的营养。他们学习汉习，蔚然成风。

就拿上述抬老爷来说，很大程度上受到县城迎城隍的影响。《古丈坪厅志》上有"治城岁五月二十八日迎城隍会"之记载。农历五月二十八日，相传是城隍菩萨生日，人们祈求风调雨顺，扎一乘大轿将城隍菩萨抬出庙门，大街小巷游个遍。扮演判官的壮士，骑着高头大马，在小鬼的前呼后拥下游街，不时用朱笔向抱在母亲手中的小孩额上点红，以示吉祥。那头二三笔红是要事先暗送贿赂才肯点的。显而易见，抬老爷是受抬城隍菩萨之启发。但是，城隍没有烧，年年抬现成的，而老爷一年扎一个烧一个。骑在马上的判官根本不敢审判城隍，而跳马中审判官就要大审特审老爷，这正是跳马独到之处。

此外，客家舞龙，苗家舞狮，纷纷参加贺马表演，还邀请远近的老戏班子登台唱大戏。苗族椎牛和吃牯脏的敬神方式在跳马中也被借用，同时汉族的莲花闹和苗族捞虾等民间艺术参加稀可乐表演。我们不妨这么说：土家跳马之巫祀表演活动，是以土家族为主体的，融汇了各民族艺术精华的还愿祈祷盛会。

（五）土家跳马中的山鬼子、小鬼及毛古斯中的毛人，残存着屈子《九歌》中山鬼的影子

东汉王逸在《楚辞章句》中说："楚国南郢之邑，沅湘之间，其俗信鬼好词，其词必作歌乐鼓舞，以乐诸神。屈原放逐，窜伏其域，怀忧苦毒，愁思沸郁。出见俗人祭祀之礼，歌舞之乐，其词鄙陋，因作《九歌》之曲，上陈事神之敬，下见己之冤结，托之以讽谏。"

宋代朱熹亦说："九歌者，屈原之所作也。昔楚南郢之邑，沅湘之间，其俗信鬼而好祀，其祀必使巫作乐以娱神。蛮荆陋俗，词既鄙俚，而其阴阳人鬼之间，又或不能无亵慢淫荒之杂。原既放逐，见而感之，故颇为其更定其词，去其太甚，而又因彼事神之心，以寄吾忠君爱国眷恋不忘之意。"王、朱二人都认为当时民间祭神颂词——巫歌语言不雅，通过爱国诗人屈原进行加工整理而成千古绝唱的《九歌》。

湘西籍著名作家沈从文先生在一散文中写道："两千年前那个楚国逐臣屈原，若本身不被放逐，疯疯癫癫来到这充满奇异光彩的地方，身经这些惊心动魄的景物，两千年来的读书人，或许就没有福分读《九歌》那类文章，中国文学史也就不会如现在的样子了。""入溆浦余遭徊兮，迷不知吾所如"，这正是屈子在沅江岸边徘徊时，思考时的生动写照。

《九歌》中之山鬼即山神，有山神土地、山魈鬼、梅山鬼等。毛古斯中有敬梅山猎神，跳马中有敬土地神的情节。"《山鬼》篇可能是楚西边靠四川一带的。"（姜亮夫《楚辞今绎讲录》第 2 页）看来，这应当包括今天湘鄂川黔一带土家居住地域。"河伯本是阴性，山鬼本应是阳性，但自东汉以来，河伯一直为男性，山鬼一直为女性，这是个颠倒。"（同上）而今我们跳马与毛古斯中的山鬼子、小鬼和毛人，全由男性扮演，似乎还保留了原始的性别。

在《山鬼》篇中，当女巫向山鬼轻佻时，山鬼答曰："余处幽篁兮终不见天，路险难兮独后来。"意思说山鬼住在黑暗的竹林，道路崎岖。之后山鬼又不好意思对女巫说："山中人兮芳杜若，饮石泉兮荫松柏，君思我兮然疑作。"意为"我山里人穿的是些茅草衣服，饮的岩洞里泉水，住在松柏树下，你说爱我，我不信"。

以上女巫与山鬼间的对话，与毛古斯及稀可乐中的对话多么相似呀！他们穿的、住的、吃的、喝的都是那样简简单单。我们不妨这样说，屈原笔下的山鬼，来源于湘西土家祀俗活动中之鬼神，而跳马活动中的山鬼子与毛古斯中的毛人，又顽强地保留着山鬼本来面目。

综上所述，我们认为，土家族跳马酬神还愿活动，源远流长，随着社会发展和各民族文化交流，经过一代又一代人的加工、提炼、完善，成为今天这样内容丰富、形式多样、雅俗共赏的祭祀活动。我们透过这原始、拙朴、愚昧甚至野蛮的表象，就会惊奇地发现：这所谓阴阳交错，鬼神云集的领域内，竟蕴含着大量的土家历史文化信息。土家跳马的发掘和整理，无疑为祖国民族艺坛添增一朵妍丽的鲜花。

（伍秉纯，刊载于《土家学刊》2000 年第 3 期）

试谈土家跳马自娱性

摘　要：本文从跳马的来历、内容入手，谈土家跳马自娱性的诸多表现。

关键词：跳马；自娱表现

一、跳马来历

土家跳马是全族连寨节日性酬神歌舞活动。

跳马内容丰富：有虔诚的许马、酬神祭典，有自娱性的调年、稀可乐表演，有热烈奔放的操旗、跳马演武，更有意味深长的贺马、审老爷、烧老爷、烧马等表演。跳马简直是一台结构严谨的戏剧，向人们反复阐述一个主题：为保卫和平幸福的生活，只有加强骑马操练。

关于跳马的来历有如下一段传闻。

"大茨滩，小茨滩，鲁王镇坐石马潭；人头矶，人头像，活神当年鲁大王。"雄浑的《酉水号子》渐起，一场悲壮的民族迁徙图呈现在我们面前。驻守酉水古渡石马潭的土家勇士鲁力嘎巴（鲁大王）遭奸佞诬陷，出走瞿滩头。在官兵包围之中，鲁王照着落在水中的面容，在光滑的石壁上，用指甲抠了个人头像，以示与朝廷誓不两立的决心，尔后毅然投江自尽。英雄遗体流经石马潭，山腰石马悲鸣，酉水咆哮，将鲁王抛向半空，骑在马背上。如今，石人石马犹存。土家人以跳马来显示力量，逐渐形成了如今的跳马习俗。

土家自古是个能歌善舞的民族，千百年来长期积淀形成的文化和习俗，有机地融汇到光怪陆离的原始的礼俗中，具有神秘而瑰丽的楚风遗韵。

二、跳马盛况

跳马大体有如下过程。农历二月初二为土地菩萨生日，众人来到村头土地庙前许马。阴阳隔纸，以珓为凭。最多许 12 匹马，寓意"月月红"。经过一年辛劳，五谷丰收，遂择日跳马。一般以正月第一个马日为跳马日。马日前三夜，还要进行操旗、调年、唱大戏等活动。所谓操旗，就是旗手们在节奏明快的锣鼓点子指挥下，进行列队操练。队形多样，步伐稳健，旌旗猎猎，令人眼花缭乱。操旗后开始调年跳摆手舞，翩跹进退，扭腰旋转。马日前一天下午，还要举行贺马表演，即邻近的客家和苗家受邀组织庞大的龙灯、狮灯贺马队，前来祝贺土家跳马节。稀可乐表演紧接调年后。稀可乐系土家语，意即民间技艺大杂耍。天渐黑，篝火四起，一群山鬼扮着各式各样的角色，从四面八方呐喊着涌进跳马坪，在场中分头表演，有打粑粑的，有扮牛耕田的，有谈情说爱、唱歌吹木叶的，有打九子鞭、打莲花闹、算命、打卦、送春、玩鸟的，有钓鱼、捞虾、扎篾的，等等。演员与观众逗趣耍笑，交流感情，将节目气氛渲染得淋漓尽致。稀可乐表现了土家纯朴、开朗、幽默的性格，展现了土家从渔猎向农耕转变时期的原始风貌。

雄鸡啼鸣报晓，预示马日来临了。铁铳三响，各路旗手引着马队沿着马道浩浩荡荡奔来，路两边燃着大股大股油香，亮如白昼。马队三人一组，骑士头戴草帽，手举篾刀，扬鞭催马，威风凛凛。赶马人头戴纱箩帽，一手握木刀，一手持棕扇（视为盾牌）紧跟其后。旗手高擎战旗，马前开道。走在队伍前面的是梯玛和一支抬老爷队伍。老爷系篾扎纸糊，酷似官吏，乘敞篷竹轿，由两名小鬼抬着，有万民伞护卫。土号呜呜，马铃叮当，鞭炮齐鸣，锣鼓喧天。队伍入场后，在土地庙前由梯玛主持祭神礼仪。礼毕，马队进行跳马表演，老爷四周打旋观看。炽烈的炮火声中，马队大显身手，以粗犷的马步，多变的阵容，优美的造型，雄健的舞姿，表现紧张的操练和激烈的战斗场面。时而马坪闲步，时而相互嬉戏，时而冲锋陷阵，时而万马奔腾，把节日活动推向高潮。尽兴表演完毕，在土地庙前，梯玛焚香烧纸，将马骨架烧掉献给山神。与烧马同时，在村旁一隅，对老爷进行审判，找一借口，将这糊涂贪官、瘟神一把火烧了。

三、道具马的出现

跳马中的马是假马，是一种特殊的道具。

土家人因陋就简地用纱箩作马头马颈，用背篓挑篮作马身，用被单作马皮，用枇杷叶作马耳，用棕叶作马尾马鬃，加以裱糊彩画，即成一匹战马。"热溪土家有古根，不等三年装马灯，两个纱箩来作嘴，一床被单盖脚裙。"这首民谣对马的扎制作了形象的描绘。

道具马是怎样产生的？

梯玛是土语音译，梯为敬神，玛是人或人们的意思，梯玛意为敬神的人，本地亦称土老司。在土司统治时期，梯玛依附土司制度，集神权、族权于一身，又通晓医道和医术，社会地位较高。凡是村上祭祀、解结、治病、赶鬼、许愿、还愿、婚姻、求子、赶白虎、解纠纷、占卜问事等，都归他们管理。土家族认为梯玛是神与人之间的使者，即是神的代言人，转达神旨，又是人的代言人，能面神祈求。梯玛从事宗教活动时，身穿八幅罗裙，头戴五佛凤冠，手持八宝铜铃和长刀，坐在长凳上，边摇铜铃边唱梯玛神歌。八宝铜铃上铸有一个铜马头，表示梯玛乘着通天坐骑登天庭面神。现今保留的土家跳马活动中，土老司显得不怎么神圣了。他们身上穿戴虽然如故，但手上没拿铜铃，还允许一名黑衣道士和一名女巫陪同一道举行祭仪。梯玛乘坐的铜马，似乎变成凡人乘坐的假马，长刀变成篾刀。以往的许愿，变成许马，还愿变为还马，请神送神祭祀不怎么复杂，实属象征性，咒语亦土语夹汉语，简简单单，而形象生动的群体跳马表演，始终以娱乐之目的为广大群众所喜爱。

跳马节中的跳马，是一种可观性、娱乐性强的新型舞蹈。它的产生，一是怀念祖先，再现石马潭鲁力嘎巴的英姿；二是自娱自乐，共同庆贺丰年。

四、自娱性诸多表现

（一）操旗

所用之旗有长方形、三角形、锯齿形，颜色有红有蓝有花等色。旗名有龙凤旗、朝代旗、队旗、蜈蚣旗、月亮旗等 20 多面。《周礼·春官·司常》中就有"熊虎为旗"之说，表明旗实质上是图腾崇拜的一种遗俗。

（二）稀可乐

稀可乐表演最具自娱性，且遗存着原始戏剧的神韵异彩。稀可乐实质是毛古斯的变种和演化。毛古斯的表演者无道具，而稀可乐表演一般都拿道具。那扮钓鱼的，手拿钓竿向人群频频抛饵，猛扑向一年轻妹子，声称钓到一条大鲤鱼，女方并不生气，惹得大家捧腹大笑。那装扮捞虾的苗女，手拿三角捞兜，穿行于人缝间，手舞足蹈，表演捞虾、提兜、捧虾、装篓等形象逼真的舞蹈动作，有的青年后生家不知不觉竟成了她网中俘物，逗趣耍笑之声此起彼伏。

春牛表演。春牛用竹子和黑布制作，两人扮牛，另一人扮农夫，操犁耙，跟在春牛后面，表演各种春耕动作。勤劳的土家人长期与外界隔绝，没有什么过高的文化娱乐方式，只有将自己田间农活质朴地再现出来，获得内心的满足和享受。

（三）抬老爷

老爷就是地方官吏。跳马中的抬老爷确实受到"治城岁五月二十八日迎城隍会"的一定影响。但城隍只迎不烧，而老爷却要抬又要审还要烧。抬老爷活动本身就是对封建统治阶级残酷的民族压迫的一种毫不掩饰的反抗。

综上所述，土家跳马是人民群众在长期生产斗争和社会生活中逐渐形成的，并不断发展起来的一种传统节庆文化。土家跳马源于劳动，依附宗教祭祀而生存发展，最后摆脱宗教，成为群众性自娱性的歌舞活动。随着社会的发展和科学进步，土家巫教必然逐步走向衰亡，而作为一种有丰富社会内容，又有一定教育作用的跳马歌舞艺术，理所当然地得到继承和发扬。

（伍秉纯，载刘黎光主编《湘西民俗文化》，中央民族学院出版社，1993 年 8 月）

热溪跳马的内容、形式与意义

巍巍的狮子山下，延绵的象鼻山中，有一条清澈的小溪，溪畔有一座土家族山村。这就是离古丈县城只有八千米的我们热溪村（现名太坪村）。这里自古以来兴跳马。每三年一次，多则五年一次。在前一年农历二月初二，村里头人率众人请了一位道士祈祷平安，许愿跳马，在次年正月上旬或中旬适当的"马日"跳马。这年一过春节旧年，就举行跳马的一系列群众表演活动。每当跳马时节，都聚集了全村各家外地亲友来此观看，也汇集了各地艺术剧团来我们村演唱。在跳马的日子里，热溪村呈现出十分热闹的景象。

跳马经过历史的锤炼，很早以前就形成了固定形式的、大型的、集歌舞于一体的系列节目。现将这一系列节目的内容和表演的形式与顺序简介于后。

一、调年鼓舞

凡是新年正月要跳马，我们土家族在先年腊月二十九日过"大年"，吃了"年饭"后，在傍晚四点时分，村口土地坪上就摆拼着四张八仙桌当鼓台。锣鼓手拿来锣鼓放在台上敲打调年鼓。一挂爆竹响起宣告跳马节目开始。爱好歌舞的土家族老一辈穿着长衫、扎起腰带，带领青年男女围着鼓台，按锣鼓节奏，跳起调年鼓舞。边跳边唱，边唱边跳，尽情歌舞。天黑了，用四根大蜡烛捆在鼓台四角做照明用。跳累了的人们退出圆圈队列休息，又会有一些爱好者陆续入队欢跳，直到晚上十点跳够才罢休。

调年鼓舞要连续跳三晚，腊月二十九、三十、正月初一，三晚之后暂停，待到跳马那天黄昏时再跳。

二、操旗

操旗有操练队伍的含义。在跳马前的正月初二，吃过晚饭，下午四点时分，人们又在村口土地坪列队擎旗。随锣鼓节拍围圆圈做操旗表演。节拍有两拍半的慢步跳跃，也有急鼓快步碎跑。队形前冲后转，彩旗迎风飘舞。似古战场的战旗飞舞，似凯旋门前彩旗招展。操旗所用的旗帜有蓝底白色锯齿嵌边的"龙旗"，有清朝"同治""道光""咸丰"等朝代旗，有国旗，还有"团练"字祥的队旗（据史载"团练"是乡里民团武装组织）。

操旗每晚舞两小时，直到跳马时，旗队合并到跳马队去，配合马队演出。

三、稀可乐（又叫喜灯）

跳马当晚，在跳马演出前，还要演出一幕古代土家族人们生产、生活场面的剧。这剧叫稀可乐（土话译音），演出之前，人们稍加化装。三声炮响，一对夹马号齐鸣，鞭炮四起，锣鼓凑乐，喜灯开始。青年男女扮成依依相恋的情人，手拉着手，口吹木叶小调，在队前开始游行。几个俊俏女子扮成苗族妇女下溪捉虾。一个老农吆喝着一头耕牛（人扮成的）表演耕耘。场上出现的算命的、打卦的、玩雀的、耍蛇的、弹唱卖艺的各族过往游客，都各自表演。之后，跳出两个壮汉倒披蓑衣，各自拿着木制粑槌一起打糍粑。他俩跳跃奔跑在场地中间打糍粑。打好后，表演中的青年男女在"粑槽"两边蹲下，吃起糍粑。其他游客亦可表演，亦可休息。只要围在一起便是。各种表演结束时，一个老者招呼大家，用土语向大家问话。一问："今年是否国泰民安？"二问："是否风调雨顺，年景是否丰收？"三问："瘟疫多少，人畜是否平安？"百人答："百事顺遂。"最后说一句土话，叫大家回家（山洞）休息。众表演者齐声吆喝跑回。

四、 跳马

跳马是系列节目表演的高潮，是压台戏，也是最后一场。

当天傍晚，天尚明亮时要调年，擦黑时演稀可乐，待到午夜零时才"出马"。

午夜零时，三声炮响，夹马号齐鸣，鞭炮声连天。事先潜伏在村后山沟里的马队、旗队配合列队，沿着插有油香路灯的道路穿寨奔向广场（土地坪）。马队之前抬着一个"老爷"（篾和纸扎成）。七八个"小鬼"（少年扮演）簇拥着"老爷"，吆喝着奔向广场。"小鬼"手握皮鞭驱赶人们让路。一把"万民伞"在鼓台上旋转，待候"老爷"。"老爷"在场上转了三圈之后，马队冲锋入场。马队入场后，"老爷"带领马队举行敬神仪式（敬当坊土地神）。敬神毕，用长竹竿串起的鞭炮尽情燃放。马队狂奔，彩旗飘舞，鞭炮暂停，马步改慢，由广场中鼓台锣鼓打点指挥，节奏分明，步步紧扣。马队带旗队演出各种队形。最后，急鼓催战。马队转了三圈冲出广场。"老爷"随后赶去，集合于一个山沟荒地，稍停一会。好似战后休整，就地再演一幕"审老爷"的戏。又由那位老者用土语问"老爷"有关国泰民安、社会安宁、风调雨顺、五谷丰登、瘟疫、人畜平安诸事。"老爷"一一作了满意回答。最后问到"老爷"是否肯管村里"牛吃麦马吃荞"之事，"老爷"斥老者多嘴管闲事，态度傲慢。老者纠着"老爷"之错，令人责打"老爷"四十大板，并以火化。此时烧了"老爷"和"马骨"，跳马至此结束。

热溪跳马是有历史渊源的。它的形式和内容早已俗定约成。它的演出都是以老带少，由本地的群众演出，并不外请导演演员。它既是元宵节群众娱乐形式，又是经过锤炼的艺术形式，特别是当地群众祭神祈祷形式。它集歌舞于一体，集民族团结社会太平的愿望与丰收欢庆的情感于一体，集祭神祈祷的意愿与怀念土家祖先的感情于一体，集生产、生活的欢乐与征战胜利的欢呼于一体。像这样系列的、大型的、载歌载舞的民族节目，在我国各兄弟民族中是没有的，在世界各民族中也是罕见的。

跳马系列节目反映了我土家族先人团结爱国、勤劳勇敢的风貌。从操旗沿用历史上各朝代旗和五星红旗，说明我土家先人维护国家统一。从稀可乐角色中有土家、苗、汉各种艺人的出现，说明土家祖先拥护民族团结。它是我土家先人生产、生活、征战和思想感情的再现。

热溪土家族向氏人们来源于沅陵县莲花池。从有关土家先人——向老官人驯服了沅陵马草坪的神马，并骑这匹神马征战的传说，可知向氏祖先的跳马活动是为纪念向老官人和他的神马。无独有偶，热溪土家族鲁姓人们是从沅陵石马潭一带迁徙而来的。石马潭是鲁氏先人鲁力嘎巴喝了御酒滚下马的地方。鲁力嘎巴是土司王彭士愁的勇将。热溪鲁氏祖先也为纪念先烈，同向氏族人一道创造、保存、发展了跳马系列节目。

所以以往热溪向、鲁二姓同心同德，合力把跳马演得那么虔诚，那么热烈而又那么神秘。至于热溪跳马起源于何时兴于什么朝代，这有待于土家族古代文化研究者去研究了。

（向光福，古丈县太坪村小学教师）

也说古丈跳马节和厄巴舞

摘　要：古丈跳马节和厄巴舞，是古丈县最具地方特色的非物质文化遗产代表性项目之一。为了保护、承传和开发好两个项目名录，本文作点探讨和尝试，裨益共识。

关键词：古丈跳马节；厄巴舞；非物质文化遗产代表性项目

一、引言

古丈跳马节申报文本由县文物局退休干部伍秉纯执笔，于 2009 年 2 月 26 日《湖南省人民政府第二批省级非物质文化遗产名录的通知》（湘政发〔2009〕9 号）公布。2009 年，廖巴舞申报湘西土家族苗族自治州第三批州级非物质文化遗产名录评审没有通过，2010 年，县非物质文化遗产保护中心主任吴善流，在红石林镇马达坪村调查时，发现了原生态的厄巴舞。经过调查证实，廖巴舞和厄巴舞的目的及演技都十分相似，断龙山乡流传的廖巴舞有六套动作，厄巴舞则多了两套动作。经过收集资料，在湘西土家族民歌省级代表性传承人向汉光的指导下，由李琳筠执笔申报文本，2010 年 12 月 21 日，在《湘西土家族苗族自治州人民政府关于公布第四批州级非物质文化遗产名录和命名第二批及第三批州级非物质文化遗产项目代表性传承人的通知》（州政函〔2010〕206 号）公布。两个项目在其他地区没有流传迹象，为古丈独有，故备受社会各界人士关注。相关面世的论文颇丰，除了本土民间文艺工作者整理撰文外，相关专家学者的论文有：熊晓辉的《土家族跳马仪式音乐个案调查》和《傩坛仪式与梯玛角色——湖南古丈县白溪村土家族"跳马"仪式的人类学考察》，陆群的《"扎巴日"：土家族最古老的生殖舞》，陈廷亮、陈奥琳合著的《"扎巴日"辩正——兼与陆群教授商榷》等等。限于篇幅，不一一罗列。

　　笔者从古丈县民保中心挂牌时开始工作，至 2005 年 5 月一直从事县内非物质文化遗产的普查、项目申报等方面事宜，认为诸多相关文献资料为古丈跳马节和厄巴舞等非物质文化遗产的保护、承传和开发，提供了极好的帮助，起到县民保中心想做而很难做到的效果。闲时和老同志们交换看法，笔者认为有些文章中的观点与我们了解到的实际情况还有一定出入，有些观点有待商榷。笔者反复翻看了申报文本，又查证有关文献，并多次进村审寨走访项目代表性传承人和民间艺人，现写出这个拙文，算是和关心这两个非物质文化遗产名录的专家学者们作点探讨，谋求共识，利于申报和宣传，对保护传承大有裨益。

二、古丈跳马节

（一）基本内容

　　古丈跳马节，俗称"跳马"，在春节后第一个马（午）日进行，属全族连寨节日性酬神歌舞盛会，有许马、择日、扎马、操旗、调年、贺马、稀可乐、出马、祭神、跳马、烧马、抬老爷、问老爷、烧老爷等内容。跳马活动在于通过祭祀，酬谢神灵，祈望年丰、国泰民安，并以展示安居乐业，村旺人兴为目的。传统古丈跳马节的基本程序如下。

1. 许马

　　古阳河流域土家先人为了祈望风调雨顺，五谷丰登，六畜兴旺，于是向主管土地五谷杂粮的土地神许愿。土家人认为马是最宝贵的礼物，唯有马才能充当祭品。农历二月二，相传为土地神生日，届时由寨主领头，每家一人，来至村头的土地坪，向土地庙中的土地菩萨许愿。先上牲，即抬着活猪以供；后上熟，即用猪头及全副内脏热气腾腾地敬土地神。众人一齐跪下，磕头，奠酒，土老司念念有词："抬头望青天，师傅在身边，来到大皇土地殿前……领受在前，保佑在后。千年毛猪一头，凤凰鸡一只，敬你老人家，保佑寨上清洁平安，五谷丰登。今年年成好了，我们就跳马。现从六匹许起。阴阳隔纸不得相见，以玟为凭。"若连得阴阳圣三玟，意即土地神已答应了；若没得，再两匹两匹往上加，直至十二匹时，土老司才开口："一年十二月，给你老人家谢个月月红。"若此时再拗玟，只好许到十四匹，其中两匹归领寨去扎。

除许马之外，还要许炮火（鞭炮），同样以玟为凭，十万响为限。许马仪式完毕，用一红布披挂在土地神头上。参加仪式的众人，通通在土地坪共食猪羊，以示庆贺。

2. 择日、扎马

许马后，春耕将至。人们经过一年的辛劳，秋后粮食丰收，遂择日跳马，以酬谢土地神。农历正月头一个马日（午日）定为跳马日，有时，亦选择正月十五那晚举行，以便安排各项活动，为元宵之夜增辉添彩。

扎马一般安排在腊月间，地点在村外溪边一个名曰马扎冲的岩坝，一切花费众人筹集，有钱出钱，无钱出力。人们因陋就简，用纺线的纱箩和竹篾作马头马颈，用挑篮和竹篾作马身，用被单作马皮，用枇杷叶作马耳，用棕树作马尾鬃毛，加以裱糊彩画，即成一匹壮马。当地民谣唱得好："热溪土蛮有古根，不等三年装马灯，两个纱箩来作嘴，一床被单盖脚裙。"如今，人们嫌马扎冲路远不方便，改为其中一匹马在那儿扎，其余的就在村外一个偏僻农舍扎制。马扎完毕，得挑选身强力壮的后生担任骑士，在村边不显眼的地方进行操练，做到动作熟练，不露破绽。

3. 操旗、调年、贺马

马日的前三晚，有时甚至前七晚就要举行操旗表演。正旗有十二面，长方形，为红蓝黄绿各色，最大的是龙旗凤旗，绲边带丝。陪护旗数杆，为三角形（蜈蚣旗）。此外还加进朝代旗，如前面说的"咸丰"旗。所谓操旗，就是旗手们拿着彩旗，在锣鼓点子的指挥下，进行列队与操练，其步伐有慢步、细步、梭步、快步、跑步等，队形变化多端，彩旗迎风飘扬，令人眼花缭乱，旁观值日者放鞭炮，以示鼓励。操旗队伍沿着村寨街头巷尾进行，最后来至土地坪，将操旗表演推向高潮。操旗一般都在傍晚举行。

操旗之后，就开始调年。土家打鼓调年就是跳社巴舞。调年规模不怎么大，且不用土老司主持，男女老少自行组织起来，在锣鼓声中围圈而摆，尽情欢跳，两人一组，面面相对，踢踏摆手，翩跹进退，扭腰旋转，刚健有力，大都跳些模拟农活动作，舞姿矫健，粗犷大方，乡风浓郁。人们边调边唱，有对美好生活的向往，有男女双方爱慕表白。调年一直要进行到天煞黑才收场，由土地坪两边搭的临时戏台掌灯照明，演人们爱看的高腔、阳戏和灯戏。

凡此种种活动，一直要延至马日前夜。马日前一天下午，还要进行一场热闹异常的贺马表演。贺马，顾名思义，即祝贺。邻近的村寨客家和苗家与土家早有姻联关系，彼此和睦相处。他们特组织庞大的龙灯、狮子灯、武术贺马队伍，抬着用竹摇竿绞着的长串鞭炮以及三眼炮，在鼓锣声中浩浩荡荡向土地坪汇拢。主人亦出动溜子队、操旗队，抬着老爷出寨去接，在土地庙前同拜土地神。拜毕，举行玩龙舞狮表演，共庆土家盛大节日。

4. 稀可乐

稀可乐表演是在马日前一天晚上，紧接操旗与调年之后进行的节目。稀可乐系土家语音译，汉语简称喜灯或邪灯，确切含义待考。现有四种说法可供参考。①"稀"意译"铁"，"可乐"即"荒笼柯"，连起来意为用铁制的生产工具去开垦荒山，展现先民披荆斩棘、刀耕火种时的欢乐情景。②稀可乐意即铁砣子。土家民间故事中，讲述一位农妇用绳拉铁砣子在地里来回行走，以除去杂草。③稀可乐即"打鸣咳"的意思。打鸣即召唤，咳即玩，整个意思是"大家邀约玩热闹"去。④按意可译为"捆草"，把草一捆一捆地从高处"滚草"或"抛草"，可当毛古斯舞理解。稀可乐表演者为男性，有的头戴罗皮帽，有的用帕子遮着脸，有的倒披蓑衣，装扮成一群山鬼子从马扎冲呐喊着冲进土地坪，表明山鬼子也高高兴兴地参加跳马盛会。他们在灯笼火把的映照下，在坪场当中分头同时表演打粑粑、钓鱼、扎篾、捞虾、打卦、打莲花乐、送春、打九子鞭、打溜子、吹木叶、春牛耕田等妙趣横生的原始艺术，并与观众交流感情。例如打粑粑的两个男士，蓑衣倒披，用勾勾槌向粑粑槽（地面）使劲反复锤打，扮演妇女的在一旁演做粑动作，并向围观人群送粑粑："你一坨，他一坨，中间还有一大坨。"又如春牛耕田，装牛的（一人或二人）皮褂子反披着，用枇杷叶作牛耳，用稻草扎两只牛角，在前面爬行，摇头摆尾装成拉犁状，另一农民戴着斗篷蓑衣，掌着木犁，为了安全和便于表演，一般不配铧口，手拿竹鞭驱牛耕田，喝骂声不绝于耳，将田间劳动情趣表演得淋漓尽致。有时，两头牛碰在一起，表演激烈诙谐的牛打架，惹得观众捧腹大笑。算命盲人拉着胡琴，给观众用土话算命。钓鱼的手拿钓竿，随时向人群中抛饵，猛扑过去声称抓到一条大鱼（一般是逗惹年轻妇女）。捞虾者多系苗家妇女，她们背着小孩，手拿三角捞兜，腰系篾篓，穿行人缝间，作掳虾、提兜、捧虾、装虾等连续舞蹈动作，拙朴无饰，滑稽可笑。稀可乐表演带有较浓厚的生活气息，表演中既夸张，又不乏细腻。随着时代的发展，如今表演稀可乐的有男也有女，再不搞男扮女装，衣裳也较讲究，接近生活和舞台装束。道具也较真实，如用真糯米粑或萝卜片片做道具，向观众抛去，众人抢粑粑，有点像土家上梁甩梁粑的味道，把稀可乐表演推向高潮。表演稀可乐时间较长，这里无论男女老少，演员观众，全体出场，逗趣耍笑，插科打诨，尽兴娱乐，各得其趣，可谓嬉可得乐。

5. 出马、祭神、跳马、烧马

当寨上雄鸡啼鸣，宣告马日来临。铁炮轰响头遍，凡参加跳马活动的人各自回家吃夜宵（禁止吃酒）。再次炮响后，跳马队浩浩荡荡沿着马道向土地坪奔来，沿路点着大股大股油香灯，照得如同白昼。马队三人一组，骑士们头戴草帽，手举篾刀，扬鞭催马，威风凛凛。赶马人头戴纱箩帽，一手握刀，一手拿棕扇（防炮火烧马皮）紧随其后。旗手高擎战旗，马前开道。整个队伍游行次序为：土乐队、操旗队、抬老爷，最后是马队。此时，鞭炮齐鸣，鼓锣喧天，马铃叮当，溜子喋喋。剽悍的骑士大显身手，以跳代跑，所向披靡，杀气腾腾地向跳马场（土地坪）挺进。

大队人马来至马场后，由三名土老司及一名女巫带领，在土地庙前设坛祭祀，同时烧香纸点蜡烛，献上猪头酒菜。掌堂师念咒几遍，带领众人及马队向土地神虔诚地跪下磕头三次，再转身向天地磕头三次，祭礼毕，鼓锣万民伞放置当中，马队旗队入场进行跳马表演。抬老爷的在四周往返打旋观看。围观的群众人山人海，在圈定的范围外观看精彩的跳马舞。马队在锣鼓点子的指挥下，在热烈的炮火号乐声中，绕场数周后，以刚劲粗犷的马步，变化多端的队列，优美雄健的造型，表现紧张的操练和激烈的战斗场面。时而马场闲步，时而互相嬉戏，时而冲锋陷阵，时而万马奔腾，把节日气氛渲染得如火如荼。跳马表演历时大约一两个钟头，其间鼓乐不停，炮火不止，参加演出人数多达数百人。

尽兴表演完毕，土老司焚香烧纸，口念《送马经》，遂将马骨架堆放在一起，在熊熊烈火中，马骨被烧毁，意即将马如数献给了土地神。

6. 抬老爷、问老爷、烧老爷

老爷为黎民百姓父母官，理应受到人民的尊敬和爱戴，也有保佑和庇护人们的责任。人们用竹子扎一乘敞篷大轿，并精心制作如真人一般大小的官吏，头戴乌纱帽，身穿长袍，端坐轿中，由两名小鬼抬着，四名小鬼手拿乌梢鞭前呼后拥，一顶万民伞开道，鱼贯而入，好不风光。官老爷今天也闲下心来，与民同乐，观看跳马盛典。据说以前县城里的县官老爷常骑着真马亲自观看跳马。当跳马表演结束，马队送老爷于村后，就开始向老爷问吉祥。一名土老司充当百姓代表与老爷对话，另一名土老司模仿老爷腔调作答。将老爷安置后，充当百姓代表的土老司问："老爷老爷，今天我们土家举行跳马庆典，抬着你走遍大街小巷，威风凛凛。现在我要问你这当老爷的，今年年成好不好？"

老爷答道："年成十二分好。"

"人民是否安康？"

"人民安康福长。"

"六畜是否兴旺？"

"六畜兴旺发达。"

"六畜可有瘟恙？"

"没有瘟恙。"

······

及至后来，问得不着边际，一些问题不是县官老爷能解答得了的。老爷回答时不经意地表现出傲慢的态度。

问："今年是否国泰民安？"

老爷无所谓答道："这个你应该问问皇上。"

"那再问你，社会上的坏人偷扒摸抢危害百姓你管不管？"

老爷："这个我可管不了！"

"那寨子上牛吃麦子马吃荞你管不管？"

老爷不耐烦了："这些区区小事我当官的都管，还怎么做事？"

百姓代表的土老司与老爷重复一次以上一问一答，老爷态度十分傲慢，死不改口。土老司大怒："你这个老爷，大事管不了，小事不愿管，看来一定是个糊涂官。来人啦，今天我们打他八十大板！"

在一片喊打声中，原先抬老爷的小鬼这时反仆为主，用乌梢鞭"一十、二十、三十……"重打老爷屁股八十大板。尔后，再审问第三遍，老爷还是不改口，众人怒不可遏，齐声喊道："把他用火烧了！"老爷于是在熊熊烈火中焚烧成灰，整个跳马活动结束。

（二）项目论证

1．特征

①跳马节的活动以土家族村寨为主体，邀请苗族、汉族同胞参加盛会，举行贺马表演，届时，苗族的舞狮、捞虾与汉族的龙灯也参加表演，喻民族大团结之意。

②跳马节上举行祭祀土地神仪式，并举行跳马舞表演，最后烧马，意即将马献给土地神，祈望年丰，祭祀活动与歌舞活动相结合。

③土家族固有的梯玛跳神、跳摆手舞（调年）、稀可乐以及操旗舞、跳马舞在这里尽情表演，既娱神，又娱人，是民族歌舞的大汇集。

2．价值

①古丈跳马节是古丈县古阳河中上游流域土家族独特的节庆活动，内容丰富多彩，集土家族民间艺术为一炉，对研究土家历史、征战、迁徙、生产、民俗、民间艺术有着十分重要的价值。

②土家族诸多民族民间艺术在这里都有较全面的展示，并在继承的基

础上有新的发展。如山鬼子在稀可乐中的表演是毛古斯中毛人表演的发展，其对话与屈原《九歌》中山鬼与女巫之间的对话十分相似，故可以这样说，屈原笔下的山鬼，与湘西土家族歌舞中之鬼神有着直接的联系。

③土家族的历史及族源，诸说并存。土家跳马节的有关资料，开拓了研究者视野，为土家族与楚族、土著、巴人之间的渊源关系提供了新的思路，同时与苗族、客家人之间的和睦相处得到更加清晰地展示。

④古丈跳马曾参加1991年"中国少数民族傩戏国际学术讨论会"田野表演。学者专家观看表演后，认为这是古老的土家族民间艺术的集中表现。尔后，部分节目又多次在本县旅游区和节庆活动中展演，逐步形成具有湘西特色的旅游品牌。

3.濒危状况

一场跳马活动历时三天，演员人数多达百人，道具制备长达数十天，人力物力财力耗费大，故只有丰衣足食的年份才举行。1997年至今，古丈县城没有再集中举行过跳马活动，因为大部分参与活动的土老司与民间艺人相继去世了，有关跳马的资料很多遗失了，譬如《跳马经》已无法找到原始唱本。2005年，县非物质文化遗产保护中心进行资料普查时，所了解的17位传承人中，有4位老人已经去世。大部分青年男女外出打工，留下的都是老人和小孩，培养传承人存在一定困难。可喜的是，掌坛师鲁选明，2010年，已被列入湖南省非物质文化遗产项目代表性传承人。

三、厄巴舞

（一）基本内容

厄巴舞（夵巴舞和厄巴舞的统称）主要流传于古丈县断龙山乡兴风坪村和红石林镇马达坪村，以土家族妇女表演为主，是一种古老的民间祭祀娱乐舞蹈。

断龙山乡兴风坪村流传的夵巴舞，又称扎巴舞，也有村落称之"古斯帕帕"，是祭社"扎巴日"活动中的一部分。其有下面六套表演动作，每套动作四拍，反复四次。

1. 头人祭天

一群姐妹随头人跨步而来，兴高采烈地聚拢于祭天坪，大礼跪天。

2. 磨鹰展翅

模拟磨鹰，展翅遨游蓝天，雄视四野。基本动作：手脚同边向前跨，头上仰，先左手左脚跨步，双脚前弓后箭，身体侧向，前左手随头部上扬，后手（右手）向侧后伸直，臀部上翘。

3. 猴子摘桃

模拟猴儿动作。基本动作：先左后右，半蹲，左脚跨步，身体前倾，双手前上方弯曲，呈准备攀摘动作，左脚跨，身体向右侧、右脚跨，身体向左侧，双脚跃起，双手上举作摘桃状，脚落地、蹲式，双手拟捧桃作吃状，收势。

4. 猴子戏蛙

模拟野猴戏蛙，展现勇猛、果敢和机智灵活形象。基本动作：两脚矮桩半蹲，身体前倾，双手着地，双脚向前跳跃，蹬离地面，双手作拨拉状，重复一次。后两节双手向内弯曲，齐胸，先左脚向前跨步，成半蹲式，双手随身向右侧转，收势。再右脚向前跨，半蹲，双手随身左侧作弯箍状，臀部翘起。

5. 猴子捞月

基本动作：半蹲，上身前倾，先跨左脚，两手侧平展，手脚同边同向，收势半蹲，头后上仰，手上弯曲至颈后，呈仰望状，各式均呈半蹲矮桩，左右互换，收势。大有展示妇女柔美细腻的情趣和优雅纯洁的情思，表达对美的追求和无限神往。

6. 母鸡下蛋

模拟母鸡护窝生蛋。基本动作：开胯半蹲，双手后伸半展开成翅膀状，身体前倾，左脚跳起落地，左腿半蹲站立，右脚抬起弯曲，即半蹲式单脚弯曲站立，收势。换边换脚、两脚两手同前势，翘臀，模拟母鸡形态。突出母性无微不至的情愫。

红石林镇马达坪村流传的厄巴舞。土话译意，"厄"，指猴子；"巴"，作"跳"理解，又可当"看""看见"。厄巴舞，就是模仿猴子跳舞。基本动作：猴子探水中月、猴下水游泳、扭臀献媚、猴子捞月、猴爬坎、拜菩萨、猴捞鱼和群猴跳圈八个表演动作。

厄巴舞的表演形式、过程和动作基本上与麦巴舞相吻合，只多了拜菩萨和群猴跳圈两个动作。厄巴舞的故事情节：月明之夜，一群野猴下山，看到水中之月猜疑不定，但不及细想便下水游泳玩个痛快，玩累了，再想起水中之月，潜水捞之，不得，爬上岩坎探望，跳来跳去如人祭拜菩萨样，再下水捞，复得鱼，便弃月捞鱼，收获颇丰，高兴跳圈祝贺返回。

（二）项目论证

第一，厄巴舞盛传于五代后期，最初是祈禳祭典活动。2009 年，在古丈县非物质文化遗产保护中心大力倡导下，厄巴舞在一年一度的田家洞社巴节上亮相，马上成为有地方特色的节目。厄巴舞是继土家族哭嫁歌之后，又一个反映土家族女性的非物质文化遗产成果。这使土家族女性美德的文化得到更好地展现。厄巴舞既丰富了民族舞蹈艺术的内容，又为研究土家族先民，尤其是土家族妇女，提供了弥足珍贵的资料。

第二，两种舞蹈中的六个动作完全一样，均模拟群猴天真、活泼好动、无忧无虑的群体生活。舞蹈中频繁出现的展肢、翘臀、仰头扬手、挺胸跨步、跳跃等形象的舞蹈动作和独特古朴的舞蹈元素，展示出了土家族女人的聪慧、大方和对美的追求，热爱生活，改造自然的强烈愿望。兴风坪为代表的麦巴舞显得偏重示媚，而以马达坪为代表的厄巴舞则追求猴味和嬉戏，表演时画脸谱或戴面具，衣裤多用棕及棕叶装饰。

第三，厄巴舞将女性自身的美，即形体美、心灵美，通过虔诚地献舞展示，以取悦族神。同时，吸引异性的舞蹈理念也尽在其中，成为田家洞土家族社巴节祭祀活动中的压轴节目之一。

四、小结和讨论

（一）古丈跳马节

古丈跳马节，约于明朝初期形成雏形。据古丈县地方文献介绍，在古阳河上游山区前后居住过土僚、仡佬、苗族、土家人和汉人。迁徙至热溪（今太坪村）一带的鲁氏自称是鲁大王的后代，宋家若村向氏自称向老倌人的子孙，曾经是对溪州彭氏政权构成威胁的宗族。几百年来，他们与彭氏政权貌合神离，但对彭氏的胡作非为又无可奈何。

民间传说石马潭鲁大王得神人指点而抗拒朝廷，但因时间未到仓促行动，石马没法帮助鲁大王成事，最后鲁大王投酉水而亡。向老官人传为沅陵莲花池人，在古丈马草坪得神马，保地方安居乐业。所以，古阳河流域自称是鲁大王和向老倌人后代的土家人认为，马和族人的兴旺分不开，经过历代族人的演变，将古老歌舞和傩祀有机地融合起来，并借鉴古老文化因素，逐步形成了跳马节庆歌舞活动，展示了民族的凝聚力量。跳马祭祀，让人们找到了精神寄托的家园。

古丈跳马节曾盛行于古丈县古阳河流域的三镇一乡，现在仅流传在古阳镇的太坪、舍塔、排口、小寨，双溪乡的宋家若、盘山路，以及默戎镇的排口等数个自然村。但历次活动开展中，附近上百自然村寨会自发前来贺马。

据老人回忆，1942 年举行过一次，抗日战争胜利后的 1946 年也举行了一次。新中国成立初期，一直没有举行过。1989 年 2 月 10 日（农历正月十五），首次恢复土家跳马节，湖南省电视台和湘西州电视台《湘西行》摄制组拍下活动盛况，并在中央电视台《神州风采》栏目中播放。1997 年 9 月建州 40 周年大庆时，古丈代表队在吉首市表演了土家族跳马。2002 年 8 月，湖南电视台《乡村发现》栏目在古丈拍摄《土家族跳马》民俗片，并在省内外电视台播放。此外，土家跳马还参加湘西州电视台《把丰收的喜悦跳出来》电视音乐片的拍摄。逢年过节，土家跳马队常来县城参加新年迎春文娱活动。

值得一提的是，湘西知名学者石启贵先生在 1940 年所写的《湘西土著民族考察报告书》中，对古丈跳马作了详细记载。1957 年以前，湘西地区为苗族土著民族地区，《湘西土著民族考察报告书》介绍"苗人跳马"非常正确。1957 年后，土家族被确定为单一民族，成立"湘西土家族苗族自治州"，流传跳马民俗活动的地区相应被区划为土家族地区。在申报湖南省非物质文化遗产名录项目过程中，古丈县非物质文化遗产保护中心听从相关专家的建议，报请古丈县人民政府，定名为"古丈跳马节"。这一命名符合跳马活动流传至今的现实状况，肯定跳马活动为促进民族和睦发展的必然趋势。

（二）厄巴舞

土家族传统文化中很讲究女德，厄巴舞专以女性表演的舞蹈形式似乎与传统礼俗相悖，按惯例很难有存在的空间，能流传下来，有其特殊意义所在。

溪州最早有名有姓的头人为吴著冲，或称"吴着送""峨嵯冲"。吴著冲被彭氏杀害，土家人不平，彭氏允许当地土家人在溪州城东门为吴著冲建祠，封吴著冲为都督土地，万灵神王。酉水号子："会溪坪，铜柱溪，五十六旗十八司。吴著祠，土王祠，麻滩要越岩槽里。"吴著祠，最初是祭祀老蛮头吴著冲的场所。那么，为何只有通过女性跳舞才能让吴著冲阴灵不再作祟呢？嘉庆二十三年（1818）刻本《龙山县志·卷十六·艺文下》给予了答案："相传吴著冲额头高耸，上现红光，必多杀戮。家人知其然，以妇女数人裸体戏舞于前，轮回嗔作喜，土民所以有摆手祈禳之事。然当年彭氏夺地，因著冲为祟，立祠祀之，至今赛焉……"

考其究竟，还有一个和断龙山乡有一定渊源的故事传说。据当地老艺人宋明海说，古时候，当地有个有本事的土家老头人，大家都服他管，老头人下面还有七个同样有本事的小头人。后来，老头人和小头人发生冲突，他人趁内乱剿灭了这个土家族头人，当地土家人被外姓人统治，过着短衣少食的苦难日子。于是，人们很怀念先前有本事的老头人，日复一日，年复一年，女人们在祭祀老头人时，尽情展示自己的丰姿，相信那么好看那么强健的身体，先人、族神、上苍一定能赐予她们生育出能够赶跑外族统治者、庇护土家族人过上幸福日子的孩子。

这个说法好像过于牵强，结合下述文献，就并非空穴来风了。后晋天福五年（940），与溪州刺史彭士愁作战的楚王马希范，急于回朝处理宫廷政变，草草言和，责成李弘皋和向老官人在古丈县境内的下溪州故城会溪坪立溪州铜柱，歃血盟誓，促成"誓山川兮告鬼神，保子孙兮万年春"。彭氏从此揽八百年溪州政权，因行初夜权得"彭公角猪"之号，导致众多土家新妇生头胎忍辱溺婴的事发生。这种情况总体上没有波及贫瘠的断龙山周边土家族，那儿虽说在彭氏土司统治下，但有一个代表着当地大多数土家族的田氏大族。

古丈县断龙山乡土家族聚居地，为旧时三土知州六长官司之一的田家洞长官司，历十四代。田家洞的土家族田姓居多，其次是向、吴、罗姓等。清朝文人有竹枝词对其社巴场的盛况曾描写道："田家洞畔社场开，姊妹双双赴会来。一尺云鞋花满口，也装莲步入歌台。"田家洞的社巴堂，设在一个大天坑平场上，当地人叫着"社场坪"或"舍巴堂"。天坑的台地被人们改造成七角形，平时上面种庄稼，立春后的戊丑日，修理平地用来祭社，跳"社巴巴"。台地一边小庙里供着一尊手持短刀的社菩萨，又称帕佩菩萨。据《湘西文化大词典》的 306 页记载："社巴节是土家族古老的宗教祭祖节日，时间因各地祖先的不同而异，形式上以湘西古丈县田家洞的社巴节最为独特。"在 1950 年前，断龙山乡田家洞的社巴场，一直为当地八村田姓族人领头祭办。

不论是在田家洞，还是断龙山乡，乃至古丈县，历代民间口传文学中很难找到正面歌颂彭氏土司的故事，而都是反抗土司残暴不仁的故事。譬如，彭氏政权建立初期的会溪坪州城方圆三十里内的酉水河和支流古阳河流域，各种庵殿坛庙遗址多达十九处，却没有一处是祭彭公爵的，只有征讨过五溪蛮的伏波庙。所以，吴著冲当之无愧地成为人们抗争的英雄人物。他毕竟是本族人，再坏也没有外族统治者那么坏。饱尝彭氏八百年（土司）漫长压迫的广大土家族百姓，当然更加怀念曾经让他们有过幸福生活的吴著冲之类的本族头人了。为了寻求寄托，出现了各种带有反抗情绪的祭祀活动。例如，在每一年的社巴堂前，除了彭姓之外的土家人尽情演绎着的厄巴舞，既是对彭氏土司强权的蔑视，又是表现了当地土家族人们的团结精神。

由于断龙山地十年九旱、生活环境恶劣，人们生活困苦，历代彭氏土司统治阶层剥不到多少油水，便不太关注那里，致使大量古老的民族民间文化艺术在这块土地上得以保存。除了摆手舞和毛古斯外，被彭氏统治忽视了的厄巴舞，成了当地各个社巴场上的三大主祭舞之一，并顽强地流传在兴风坪、报吾列、喜其哈、田家洞、溪龙车、马达坪和花蓝村等土家族聚居地。

宋明海师傅说，厄巴舞不是通过历代祭师（土老司）传授的，而是由村、族长辈口传心授给下一代的。如果社巴场有彭氏统治者，大家就跳摆手舞，没有彭氏统治者在场才跳厄巴舞。宋师傅还听老年人介绍，老辈人跳这种舞时穿的衣服很少，甚至不穿衣服，在一隐蔽处表演，专门祭社菩萨，动作极具挑逗性，但姓彭的土家族女性从不参与演出。所以说，厄巴舞是五代后期以来，断龙山土家人反对彭氏强权的一种表现形式，对团结当地土家人反对彭氏残暴统治有很大的凝聚力。

改土归流后，溪州彭氏土司统治退出历史舞台，展示厄巴舞的内在意义随之发生转变，人们开始侧重舞蹈中的猴趣和女性美。土家人生产工具落后，很难捕捉到山崖上的猴子，认为山猴上山下溪，自由灵活，吃了猴肉让人变得聪明，女人孕生的后代一定优秀。厄巴舞经过演化，求神祇保佑族人兴旺发达为众人所知，但最初的本意不太为人所关注和所知。故此，厄巴舞经过历代土家族妇女们的演绎，又注入许多美好的内涵，形成一种展示女性美的古老民间舞蹈。

（三）摆手舞

少数作者认为古丈跳马节源于断龙山白溪村是错误的。古丈跳马节与断龙山乡田家洞社巴节是两个完全不同的传统节庆活动，没有直接关联。旧时的古丈跳马节在古阳河上游太坪村和宋家若村的鲁、向两姓土家族人村中举办。断龙山乡白溪村，又叫巴惹，村民为彭、田、梁、向和葛五姓，会土话；白溪关村，土家族，村民为彭、向、张、李、葛和龙六姓。两个村均为1977年修白溪关电站从保靖划入，基本上没有鲁姓村民，只有部分向姓村民，从没听说村里流传过跳马祭祀活动。

目下还没有证据说明厄巴舞源于原始社会的性崇拜。说厄巴舞就是小摆手舞也未免武断了一点。

摆手舞，在历代演唱中，从某种程度上可以说是为取悦于土司强权。

土家族统治者控制玩摆手，利用神说为统治者服务。但随着时间，社会及外来文化的变化，女性跳舞祭祀也就脱离了原来单调的内容，而不断丰富。历代祭司根据主办者（土家族统治阶级）的意图增删修改，直到完全脱离最初的功利性，人们在不经意中接受现实，鬼堂成为摆手堂，女性跳舞祭祀慢慢地演变成大、小摆手舞和厄巴舞。并不断注入外族文化，走出摆手堂，在现代化的灯光舞台上和其他歌舞争秀。

在断龙山乡土家族地区，流传大摆手舞和小摆手舞，大摆手舞叫"麦则嘿"，小摆手舞叫"舍巴日"。现在，村民所说的"舍巴日"和"扎巴日"，基本上是指在社巴堂跳的毛古斯、摆手舞和厄巴舞，三种祭舞总的称谓，也叫"社巴巴"。显然，厄巴舞不是小摆手舞。

（李琳筠、伍秉纯，载于湖北《土家族研究》2012 年第 1 期）

文化空间的艺术表达
——湘西古丈县太坪村土家族"跳马" 的田野调查（上）

摘　要："跳马" 主要在湘西土家族苗族自治州古丈县古阳镇太坪村流传，是当地土家族具有代表性的节庆歌舞活动。太坪村"跳马"将土家族古老歌舞和巫术祭祀相结合，并融合了部分汉族和苗族文化基因，经历了漫长的社会发展逐渐形成的，是湘西土家族文化历史交融与积淀的结晶。

关键词：土家族；跳马；田野调查

中图分类号：1207.9 文献标识码：A

文章编号：1003-1332（2016）05-0086-05

湘西土家族苗族自治州古丈县古阳镇太坪村（原土家语地名叫"热溪"）是一个典型的土家族村落，村民以鲁、向二姓为主。该村最为隆重的民间祭祀文化活动是在每年正月"马日（午日）"举行的"跳马"活动，该活动自明代开始距今已有六百余年的历史。2009 年由古丈县申报的"古丈跳马节"成功入选湖南省第二批省级非物质文化遗产名录。2013—2015 年，笔者曾多次深入该村对"跳马"活动及其仪式舞蹈作了实地田野调查。

一、太坪村"跳马"的文化环境

（一）太坪村的地理概况

古丈县位于湖南省湘西土家族苗族自治州中部偏东，酉水之南，峒河之北的云贵高原之余脉武陵山中段地区。地处东经109°44′42″至110°16′13″，北纬28°24′05″至28°45′57″之间。东接沅陵，南临泸溪、吉首，西抵保靖，北靠永顺，东西长51千米，南北宽40.52千米，所辖三个乡镇的总面积1297平方千米。地貌类型多样，中东部以山为主，崇山峻岭、沟壑纵横，海拔最高1146米，平均海拔680米，西部以台地为主，溶丘、洼地密布，海拔在300~500米之间，有"三个偏坡，不抵一个窝坨"之说。境内属于中亚热带山地型季风湿润气候，年平均降水量1475.9毫米，雨量充沛，雨水集中，东部与西部地域气候分布不匀，小地形气候复杂，垂直变化较大，山地送温效应明显。全县森林覆盖率高，青山苍翠，草木繁茂，绿化率高达73.32%，大气质量普遍良好。焦柳铁路、省道S229线纵贯全县南北，是湘西自治州唯一通火车的县。据2015年统计数据，全县总人口约14.1万人，其中以土家族、苗族为主的少数民族人口占83.3%左右，其中土家族56413人，苗族65505人。全县辖4个镇、8个乡、152个村，其中古阳镇有13个村，而笔者所调查的地方就坐落于古丈县古阳镇的太坪村。

太坪村位于古阳镇西南部，距县城约7公里，东接高坳，西连双溪洞山、宋家若，北与长潭接壤，南和天桥山交界。省道S229线、焦柳铁路穿村而过，交通便利。全村由舍塔、太坪、小寨三个自然寨组成，共9个村民小组202户。耕地面积821亩（其中水田421亩、旱地400亩），茶园1600余亩（2011年新扩茶园280亩），果园125亩，林地6500亩（其中退耕还林1102.3亩）。2011年人均纯收入2280元。

太坪村溪流众多，是古阳河的发源地，沿河两岸土壤肥沃，适宜种茶。为发展茶叶产业，该村创建了全县第二个有机茶生产基地，修建面积达500多平方米的茶叶加工厂一个，组建了沁心有机茶叶协会，大力发展

"协会+基地+农户"生产模式，现共有会员 518 人，协会年产值过 60 万元。2011 年全村茶叶总产量达 2.8 万公斤。近年，该村大力推进茶叶产业化，发展有机茶叶，效果颇佳。外出务工人数达 350 人，每年创劳务经济近 210 万元。

太坪村昔日只有向、鲁二姓，均为土家族。笔者所调查的村寨名为"大热溪"，解放后改为"太坪村"，带有一定的政治色彩，寓意村寨在共产党的领导下太平、安康。土家语里"溪（ci55）"的意思是"两边是山，中间有一条沟"，"热"在土家语里有四种发音，每一种发音有不同的意思，"ze55"在土家语中是数词"四"，"ze35"在土家语中是"酒"之意，"ze21"则是"老鼠"之意，而"ze53"是"漂亮""孙子"之意。村里人都将"热溪"读为"ze21ci55"，应该译为"老鼠多的山沟"。太坪村周围还有许多以土家语命名的地方，如三个自然村寨之一的"舍塔"，即土家语的"se35tha53"，汉语"旁边"之意，现今居住着十几户人家。

太坪村的后方有一座大山，形状像狮子的脑袋，内有可以容纳百人以上的大岩洞，洞内有许多奇形怪状的石头。洞口左右有向、鲁两家的两口水井，水质清凉可口，村民们都称之为"仙水"，而周围村寨少有。除此之外，村里还有像从狮子口中伸出舌头状的"土地坪"，后山有像铁链般的古藤捆绑着悬石吊在悬崖上的奇观。更有古时当地土家族人放马晒日的"马日堡"，操练习武的"武当山"，以及引来百鸟争留的"歇凤巢"。

整个太坪村依山而建，地势起伏大，以山地为主，山高林密。这样的环境不禁让人对其神秘的自然力量产生无限的遐想。不仅如此，太坪村还有着地理位置的特殊性，它几乎处于土家族和苗族的交界之地，翻越整个村寨过去之后便是苗族以及汉族的聚居地，所以太坪村是被苗族和汉族包围的地方，用"孤军深入"来形容并不为过。而其又有着众多以土家语命名的地方，可见自身的文化保存的比较完整。各少数民族人们和谐安稳地生活在同一地区内，不仅需要社会经济发展的物质支撑，更需要有一个统一的价值导向。这就使得笔者在观察"跳马舞"的传衍进程时，更需均衡考虑和关注其地域伦理共识。

（二）太坪村的历史与现状

古丈县是土家族苗族聚居的山区，土家历史文化源远流长。自1984年以来，其境内的河西白鹤湾战国楚墓群大量文物的出土，揭示了土家族文化与巴楚文化交融、碰撞、借鉴的历史事实。两千多年前的春秋战国时期，酉水之畔的河西一带，秦国、楚国、巴子国之间战争不断，白鹤湾楚墓群上百座墓室的发掘，上千件铜铁兵器的出土，让人不难想象当时战争之频繁，声势之浩大。楚、巴、土著遗物共存一穴的历史现象，又让人窥探到多民族文化在酉水沿岸争强斗胜的历史。下溪州土家英雄向老官人（向宗彦）与鲁力嘎巴（鲁大王）的后裔，为避战乱，先后从山东到沅陵，沿着酉水、古阳河迁至古丈县古阳镇太坪村的大山之中。

传说先秦时期，西周初加封周公长子鲁伯禽为鲁元公居山东曲阜。世代传流至清道光年间，鲁仲连为第一代始祖，至今两千多年。此后，曾有一位鲁裕公受命来湘征剿武陵蛮。后告老于辰州（今湖南沅陵），其后代为谋发展分别去了湖南的桃源、永顺、古丈等地，这些地方原来均建有鲁姓祠堂。现今已查找到同治八年（1869）编写的鲁姓前谱，存于岳麓书院。民国九年（1920），永顺、桃源两地的鲁姓祠堂联合编写鲁姓后谱，且班辈字派统一。而古时前来太坪村居住的则是鲁传书的四个儿子，分别名为鲁信良、鲁信阳，鲁信涛、鲁信准，他们在此开荒种地，耕作五谷杂粮，饲养牲备家禽，开始自谋生活，繁衍子孙后代。

（三）太坪村"跳马"的传播轨迹

土家族自古以来就是一个能歌善舞的民族，千百年来长期积淀形成的原始礼仪中，具有神秘瑰丽的楚声遗韵。而在这样的背景下所形成的以酬神还愿为目的的傩祀傩戏，以祭祖为主要内容的舍巴歌舞以及毛古斯，早已在人们的心中打下了深深的烙印。迁徙至古丈县古阳镇太坪村一带的鲁氏、向氏族人，将土家族古老民间歌舞和民间祭祀充分地融合起来，并融合了部分汉族和苗族的文化基因，从而逐步形成了"跳马"这一节庆歌舞活动。

"跳马"大约起源在明初时期，据老人回忆，1942年曾举行过一次，1946年也曾举行过一次。直到新中国成立初期，就一直未曾举行过。

1989年2月20日（农历正月十五），首次恢复了土家族跳马节。湖南电视台和湘西州电视台《湘西行》摄制组一行来到湘西州古丈县，刚开始打算做一期关于古丈毛尖茶的纪录片，后经当时供职于古丈县文化局的伍秉纯先生在会上对太坪村"跳马"所作出的文字和口头介绍，最后摄制组导演当即拍板，用镜头记录下了当时跳马活动的盛况，并在中央电视台的《神州风采》栏目中播放。

1991年10月21日，参加"中国少数民族傩戏国际学术讨论会"的200多名代表在古丈县实地观看了独具特色的土家族"跳马"傩祀傩舞的田野表演。

1997年9月，湘西土家族苗族自治州成立40周年，古丈县代表队在庆典上向来自五湖四海的宾朋好友们表演了土家族"跳马"。

2002年8月，湖南卫视《乡村发现》栏目组一行来到湘西州古丈县太坪村拍摄《土家族跳马》民俗纪录片，并在省内外多家电视台播放。

此外，湘西州电视台《把丰收的喜悦跳出来》电视音乐片拍摄了土家族"跳马"的表演过程。时至今日，每每逢年过节，太坪村的跳马便会进县城参加新年迎春等各项文娱活动。

从现今掌握的跳马文献资料看，古丈跳马节活动的历史较为悠久，对古丈"跳马"记载最为详尽者当数苗族学者石启贵先生，在他1940年所写的《湘西土著民族考察报告书》中对古丈跳马活动就有详细记载。石启贵先生是土生土长的湘西苗族学者（祖籍花垣县，生长在乾州），20世纪30年代曾协助我国著名民族学家凌纯声、芮逸夫调查湘西苗族。他在长期的实地调查中，积累了大量的第一手田野调查资料。因古丈县境内亦居住着许多苗族同胞，因此古丈县也是石先生调查的重点。由于当时湘西土家族还未被确认为一个单一民族，故他将古丈土家族的跳马活动误认为是苗族的跳马活动，但他对古丈热溪、宋家若一带跳马活动的记载恐怕是新中国成立前所有文献中最为详尽的。

除了石启贵先生在有关跳马的记载外，还有1957年《湖南省湘西土家族访问团古丈分团访问工作报告》中有关土家族跳马的记述："（古丈）太坪、宋家若等处的土家族，有造旗舞、调年舞、跳马舞等。"另有 1989 年 2 月 20 日首次恢复土家族跳马节的实况录像带一盘，搜集跳马资料录音带 4 盒，跳马活动照片 50 余张。《湖南民族民间舞蹈集成·湘西土家族苗族自治州资料卷》中对古丈跳马舞、造旗舞的源流、基本动作、服饰道具、音乐、场记等都有较为详细的记载。《湘西文化大辞典》中也有"跳马""跳马舞""造旗舞"的词条。

从文献资料到通过电视媒体的宣传，再到多方人员共同努力的推介，土家族"跳马"开始受到外界的关注。"古丈跳马节"于 2009 年由古丈县申报入选湖南省第二批省级非物质文化遗产名录。该项目已确定的省级代表性传承人是鲁选明。这标志着这一珍贵的艺术形式从尘封的历史中走了出来，向世人展示了土家族厚重的文化魅力。

二、太坪村"跳马" 的田野考察

（一）太坪村相关人员采访实录

1. 远去的"跳马"

"1942 年那次'跳马'仪式活动是最原始的，之后的都做了相应改动。"鲁选金爷爷坐在村寨里的一块石头上对笔者说道。2013 年的春节过后，笔者踏上了太坪村的土地，展开田野调查。鲁爷爷生长于太坪村，后因求学，直至工作都在县城，作为古丈县人民政府退休干部的他，现已步入耄耋之年。在鲁爷爷小的时候，便展现出自己的文艺才华，十一二岁便会唱当地的"高腔戏"，凡是村寨里要举行"跳马"，他便会在"跳马"里扮演"小鬼"，手拿棕树叶子做成的马鞭，跟随村寨里大人们的步伐，沉浸在"跳马"仪式活动的喜悦之中。

鲁爷爷："那时候寨子上'跳马'活动要举行三天三夜，周围村寨都来看，特别热闹。"

笔者："现在呢？现在还是会跳三天三夜吗？"

鲁爷爷："现在不会了，也很少跳了，就算跳也都是表演性质的。基本上都压缩到了一夜，像之前电视台来摄制录像的时候，就缩减到了两个小时。

笔者："在你参与过的'跳马'活动里的具体程序有哪些呢？"

鲁爷爷："'跳马'有一整个班子，虽然是疏散性的，但是分工明确。扎马在白天，敬神在'土地坪'，出马的时候老百姓不能来看，也不许看，看了就不灵验了。到了晚上七八点钟，寨子上开始点火把，我们本地话叫'油香'，用茶油做成的，还得专门有人背着油箱，沿路插上火把，到跳马的场地后还得插上，不然看不清楚，但也不能看得太清楚，不然马就不那么好看了。"

……

"我第一次看'跳马'也是个十来岁，也扮过"小鬼"，还在队伍里吹过号呢，那时候真的是热闹，好玩得很。"向顺仲爷爷坐在门前的小院子里对笔者说道。此时正值盛夏时节，他的家坐落于太坪村的半山腰上，偶有迎面袭来的阵阵山风，不知不觉便吹散了酷热的暑意。向爷爷生于1929年，1955年加入中国共产党，解放时先后当过村里的组长、村支书。参与过两次"跳马"仪式活动，说起当时的情形，老人依然记忆犹新。

向爷爷："解放前每次'跳马'前都要扎马，扎马都是分配到人，一定要认真谨慎，否则一旦出了差错，就会被寨子上的人视为不吉利。出马的那天是半夜，不能超过12点，路边插上'油香'火把，约30公分长，一是烘托气氛，二是起到照明的作用，同时也会放爆竹，吹号角。跳马的时候全靠锣鼓点子指挥，调年舞跳完，造旗舞上场，造旗舞跳完，跳马舞又接着来，就像搞节目会演一样，你方唱罢我登场。"

笔者："最近的一次'跳马'活动你看过吗？大概是在什么时候？"

鲁爷爷："今年春节过后县政府、县文化局倒是组织过一次，但是是在白天，就在寨子下面的河滩上跳的。我去看了，程序简化了许多，基本上已经是表演性质的，跟我们那时候不一样了。"

笔者："现在寨子上还会像以前一样'跳马'吗？"

鲁爷爷："少了，基本上都不怎么跳了。虽然真正跳起来还是很有乐趣，但是持续时间长，还要组织人员、购置服装等等，没有足够的经济支持很难弄起来。"

2. 消失的"马经"

在过去太坪村的"跳马"仪式中，人们前三天都会举行多种活动来欢度佳节。而到了最后一天，土家族梯玛会在土地庙前焚香烧纸，念诵"马经"，将扎好的马堆放在一处进行焚烧，意为将马如数献给土地神，即"献马"。"马经"的诵念需操持土家语，而在笔者的调查过程中发现，像鲁选金爷爷和向顺仲爷爷这个年龄段的老人还能说上一些土家语以外，村里绝大多数人近乎不会说了。

由于土家族是"只有语言而无文字"的民族，这给"马经"的传承带来了不小的困难，随着梯玛的相继离世，使得"马经"也随之逐渐消失。因此笔者在调查走访过程中，虽几经努力，却还是未能搜集到关于"马经"的文本记载抑或口头记述，实乃遗憾，现也只能依靠想象，去追溯梯玛所诵念的"马经"里所承载着的土家族独特而又厚重的历史记忆。

（二）古丈县文化局官员采访实录

太坪村跳马节申报文本由古丈县文化局退休干部伍秉纯先生执笔，于2009 年 2 月 26 日《湖南省人民政府第二批省级非物质文化遗产名录的通知》（湘政发〔2009〕9 号）公布。

按照湖南省人民政府办公厅下发的《关于加强非物质文化遗产保护工作的意见》（湘政办发〔2005〕27 号）《附件 1：省级非物质文化遗产代表作申报评定暂行办法》第五条：省级非物质文化遗产代表作的申报项目，应是具有重要价值的民间传统文化表现形式或文化空间；或在非物质文化遗产中具有典型意义；或在历史、艺术、民族学、民俗学、社会学、人类学、语言学及文学等方面具有独特价值。

目前，古丈县还没有创建专门的"跳马"传承基地，也没有设立专项学习课程向大众推广。但节庆期间等大型群众文艺汇演，是展示"跳马"的适宜形式。近年来，政府对"跳马"的传承与保护政策支持并不多。但就 2013 年的春节后组织的一次"跳马"活动来说，政府还是给予了一定的重视，只是没有对外公开，也没有通知任何媒体，仅仅是县广播影视局、县电视台派遣了相关人员参与录制，作为影像资料保留存档。笔者了解到县里举办此次"跳马"活动是在 2013 年的 7 月中旬。通过对伍秉纯先生的采访获知，当地人对本土文化有种强烈地过分保护意识，就好比是自家菜地里种上了各种瓜果蔬菜，不允许别人去采摘和观赏，而自身的力量却不能很好地维护和照料，最终的结果只能是眼睁睁地看着它们逐渐腐烂掉。

　　在关于"跳马"的传承问题上，伍秉纯先生认为这与村里青少年外出上学或者打工有着极为密切的关系。孩子们有的去县城里上学，基本上就寄宿在学校里，平均一周或者一个月才回来一次，最后考上大学的就去上学，考不上的大多数选择了外出打工，留在村子里基本上都是中老年人。"跳马"这项活动一旦组织起来需要的表演人员较多，且体力支出和运动量都较大，身体稍弱的人恐难以参与。所以，年轻人对这项活动的传承所发挥的作用并不是很大。他们对"跳马"是接受的，对活动的具体程序也有些许了解，只是没有能够达到爱好的程度。政府对于"跳马"的保护传承并没有完全落实到具体的项目中，再加上种种其他因素，导致"跳马"活动很难有规律地展现在众人面前。

（陈奥琳、陈廷亮，原载《三峡论坛》2016 年第 5 期）

古希腊的回响：湘西游傩"跳马"

炮声冲天，群情鼎沸，一支声势浩大的游行队伍敲锣打鼓，唱着跳着、叫着闹着，缓缓地向群山环抱的大操坪开来。一群表演者，有的头戴罗皮帽，有的用帕子遮着脸，有的倒背蓑衣，装扮成一群山鬼子，也高高兴兴地参加土家跳马盛会。在几名土老司和一群小鬼的簇拥下，一乘大轿抬着一位纸扎的官老爷来到大操坪。老爷之后，一支马队踢踏而来。马是竹马，无腿，挂在骑马人的腰上。骑马人头戴草帽，手举利刀，扬鞭催马……

游行队伍达到了祭场——大操坪。他们在灯笼火把油香的映照下，在坪场当中分头同时表演打粑粑、钓鱼、扎篆、捞虾、打卦、打莲花闹、送春、打九子鞭、打溜子、吹木叶、春牛耕田等妙趣横生的原始艺术。春牛耕田是游行队伍中颇为引人注目中的节目。装牛的（一人或两人）皮褛子反披着，用枇杷叶作牛耳，用稻草扎两只牛角，在前面爬行，摇头摆尾装成拉犁状，另一农户戴着斗篷穿着蓑衣，掌着木犁，手拿竹鞭驱牛耕田，喝骂之声不绝于耳。

接着便是跳马，经过操练，表演出各种阵形。尽兴表演完毕，马队、旗鼓队送老爷至村后溪边，再返回土地庙前，土老司焚香烧纸，口念颂马经，遂将马骨架堆放在一起，在熊熊烈火中，马骨渐化。与此同时，村后这边开始对老爷进行审判。一名土老司充当审判官，另一名土老司模仿老爷口腔作答。审判完毕，围观的人遂鞭笞老爷，最后，将老爷烧掉。

这是湘西土家族苗族自治州古丈县默戎镇龙鼻村的村民们所举行的一次土家人"跳马"祭仪。这个日子一般在每年岁首的第一个"马日"，如农历正月初六。

1991 年 10 月 21 日，我在龙鼻乡的河滩边观看"跳马"表演时，我想到了与之类似的古希腊人的"酒神祭"。我深信，它们之间有着某种神秘的联系。

一、"跳马"之马

看到土家人的跳马，那半人半马的装束，使人立即联想到古希腊的"马人"。在古希腊酒神祭中，亦有"马人剧"。雅典人把"马人剧"也称之为"萨提洛斯剧"。

萨提洛斯意即"羊人"。羊人年轻，是人形但具有羊耳和羊尾。此外还有塞勒诺斯（seilenos），意即"马人"，马人年长，是人形但具有马耳和马尾。羊人和马人都是酒神狄俄尼索斯的伴侣。萨提洛斯剧是一种笑剧，剧中的歌队由羊人或马人组成。最初的萨提洛斯剧是羊人剧，公元前 5 世纪雅典的萨提洛斯剧则包括马人剧在内。

什么是"萨提洛斯剧"呢？要了解萨提洛斯剧必须先了解萨提洛斯这个神。萨提洛斯是古希腊神话中主管丰收的精灵，一位最低级的林神。"林"，即橡树林，古希腊的橡树林如同中国上古时代的桑林，是原始部落施行生殖巫术的固定场所，也就是中国文人常说的"桑间濮上"。在古希腊的早期艺术中，萨提洛斯被描绘成半人半羊之神。它懒惰而又淫荡，常常酒醉醺醺游荡在山林之中与女神欢笑歌舞。从这些情况看来，萨提洛斯也就是一位生殖之神。

既然羊人萨提洛斯是生殖之神，而公元前 5 世纪的雅典人又能将马人与其混在一起使用，可见马人塞勒诺斯也是一位生殖之神。

马人，是酒神的伴侣；马，也与酒神的祭祀关系密切。一位神话学家指出："有关酒神巴克科斯（即狄俄尼索斯）的传说中的女主人公的名字都由一个使用频率颇高的前缀 hippe（马的意思）……或者由一个也含有马的性质的表语组成。"

在神话原型理论中，人类学家发现马具有十分丰富的象征，许多象征意义遍布世界各民族当中。马是力量、创造力和青春的象征，因为它具有性欲与精神的意义。这种意义在有着古老文明的中国也留下了印痕：妈，女之马，母亲，是力量和创造力的源泉；"马子""人马"等俗语，则是另一种贬义的性象征。

"跳马"中的祭师，土家语称"梯玛"，其中"玛"即为"马"字。"梯玛"应是"跳马"之语转。有学者指出："'梯'，土家语，为女性生殖器。"这样，"梯"和"马"都具有很强的性的意味。于是，我们从这点出发，也可以看到跳马祭祀，如同酒神祭祀一样，也是一种关于人类自身和农作物丰产的原始祭仪。

对于这一点，我们还将作进一步的分析。

二、"跳马"之游

跳马祭祀，如同酒神祭祀一样，呈现出一种明显的游行仪式。

翻开中国各种地方志，这种祭礼无处不在。

北京《宛平县志》（清抄本）："立春前一日，迎春于东郊春场。鼓吹旗帜前导，次'田家乐'，次勾芒（句芒）亭，次春牛台，引以耆老师儒、县正佐官而两京□列仪从其后。"

游行队伍，秩序井然。其中"田家乐"是什么呢？这一点，据山东《招远县志》（清乾隆二十八年刻本）的记载："先春一日，以演武亭为春场故事，知县迎春，旗帜鼓吹前导，次农人牵耕牛荷田家器，各行结彩楼，横额以牌曰某行，市井小儿衣女子衣，人执悬彩小布伞，谓之'毛女'；次乐人女伎；次耆老；又次执事人役，骑者赞礼，正次贡左贰学师；肩舆者县令也。皆簪春花。官则朱衣，吏胥群从，以迎春于东郊亭。"

演武亭中的"春场故事"又是什么呢？湖南《兴宁县志》（清光绪元年刻本）告诉我们，是"渔樵耕读"："立春先日，官僚备彩仗迎春东郊，虽在腊月，亦必扮渔樵耕读故事，及青龙鼓吹，游历街衢，远近皆趋，城市竞观。"

这种春天的祭仪在古籍中俯拾即是，无须再旁征博引。所有这些仪式有一些共同的特征：第一，如前所述，这些祭仪都像跳马和酒神祭一样，呈现出一种"游傩"的外在形式。第二，都是在春天来临的前夕开始举行祭礼，跳马和酒神祭也是如此。第三，都是向东方、太阳升起的方向去迎接春神。第四，为了迎接春天的来临，都要奏起鼓乐、张灯结彩、扮演一些渔樵耕读的故事。第五，这种祭仪并不是一种纯粹的民间活动，相反，官府和祭司也都积极参与。

这些祭仪生存于不同的空间，呈现于不同的时代，为什么会出现这样一些共同的特征？要回答这一问题，就必须了解这种祭仪在它的生成之际，它的形式到底包含着怎样的内容。

人类学的常识告诉我们，神话一般就是原始祭仪的内容。

很明显，土家跳马与汉人迎春祭礼的内容，早已随着神话的失落而消失；而古希腊酒神祭所蕴含的神话内容却还存在。我们来看一看酒神祭仪式中的狄俄尼索斯神话，也许能解开跳马中"游傩"之谜。

关于狄俄尼索斯的神话传说，因地域的不同而有所差异，较有代表性的是如下一些内容。

第一种传说，狄俄尼索斯是大神宙斯和地母神塞墨勒的儿子，在塞墨勒怀着孩子的时候，宙斯受人挑拨，用电火将塞墨勒烧死。宙斯将胎儿从母腹中取出，缝进自己的髀肉里。胎儿在髀肉里成长起来，不久便第二次出生。狄俄尼索斯成人之后，走遍了希腊、亚细亚，直至印度，然后经色雷西亚回到欧罗巴。一路上，他传授葡萄种植和酿酒技术。他能变化成山羊、公牛、狮子和豹；能使葡萄酒、牛奶和蜂蜜如泉水一样地从地下涌出来。

第二种传说，他是宙斯和丰产女神珀耳塞福涅的儿子，出生不久就遭到了提坦诸神的追杀。那些提坦神执利刃，用白粉涂抹了面孔；狄俄尼索斯也变化成宙斯、克洛诺斯、年轻人、狮子、马和蛇来躲避他们的攻击。最后，他变作公牛，被剁成碎块。

第三种传说，狄俄尼索斯是克里特岛王朱庇特的私生子。朱庇特远赴海外，将王位和君权移交给年幼的狄俄尼索斯。朱庇特知道妻子朱诺嫉妒这孩子，便将他托付给了自己的卫士。可是朱诺贿赂了卫士，卫士用玩具逗引孩子进入预先埋伏的地方，由朱诺的仆人提坦将他杀害。孩子的姐姐密涅娃参与了这一行动并保留了孩子的心脏。

第四种传说，狄俄尼索斯虽然为酒神，其最大的特征表现为葡萄树和繁茂的葡萄藤蔓，但他同时也是一般的树木之神。在一些地方，他也被当作农业之神或谷物之神。有传说说在他之前，耕田都是靠人拉犁，是他教会人们驾牛耕田、撒播种子。

仔细地研究这些神话，我们可以获得一些启示：

第一，狄俄尼索斯的两次出生或死而复活，体现了许多神话都具有的"死而再生"的主题。对原始人的思维而言，死亡不是生命的终结，而只是达到再生的过渡。人、神的生命如同其他万物（如太阳、春天、植物）的生命一样，有死也有生。死（太阳的消失、寒冬的到来、植物的枯败），令人恐惧、迷惘、悲哀；再生（太阳的重升、春天的复临、植物的再绿）令人喜悦、欢乐。

同样，跳马和游傩的目的，也是迎接和欢庆春天和太阳的新生。

第二，狄俄尼索斯能变化成山羊、狮子、马、牛。山羊，在原始思维中象征着哺育者和启蒙者；狮子，不但象征着太阳的回归、宇宙的力量和生命力的复苏，而且还象征复活本身；马和牛，象征着旺盛的生殖力。这都与人类的丰产巫术有关。狄俄尼索斯曾教人驾驭耕牛、播种谷物，说明他并非只是一位酿酒之酒神，还是一位与其他农业生产也密切相关的丰产神。

另一方面，"'Dithyramb'（酒神颂）一词源于宙斯在狄俄尼索斯第二次诞生时的一声叫喊所激起的回声。在古希腊的德尔法神庙中曾发现一块碑文，它把狄俄尼索斯称之为'Dithyrambos'，意即祈祷春天的再一次降临。一般说来，'Dithyramb'一词有神之子被春天所唤醒的意思"。这也表明，酒神祭祀实质上也就是与春天密切相关的农业丰产祭仪。

第三，在狄俄尼索斯遇难的情节之中，有一个触目惊心的细节不能不引起我们的注意：他被剁成了碎块。这意味着什么？

在古埃及的神话中，我们也能读到关于"碎尸"的神话：

"俄西里斯是古埃及的一位死而复生之神。他也是一位农神。他把农业生产知识传遍世界。然而，当他回到埃及之后却遭到了他兄弟塞特的谋害。塞特将他骗入银柜之中，然后注入铅汁，弃尸在尼罗河里。俄西里斯死后，他的妻子伊希思悲痛欲绝，四处寻找他的遗骸。她走遍了天涯海角，在神的指引下终于在腓尼基的比布勒斯找到了尸体，并把他收藏起来。不料，又被塞特发现。塞特将俄西里斯的尸体剁成十四块，随风播散。伊希思被迫开始了寻找尸体的艰难历程。经过一番劳累奔波，俄西里斯被肢解抛弃的碎尸总算找到了，唯有生殖器无法找到。伊希思无奈，只得用无花果树木刻成一具来替代。"

原来，神话中的"碎尸"情节，就是为了铺垫"呼唤和寻找男性生殖器"这样一种结果。

在古希腊喜剧作家阿里斯托芬的剧作中，我们曾多次见到这一结果。如喜剧《阿卡奈人》里的狄开俄波利斯嚷着："珊提阿斯，你们把法罗斯竿举直，跟着顶篮女，我会跟在后面，唱一支法罗斯歌……"这里的法罗斯竿，就是一支高举的男性生殖器；这里的法罗斯歌，也就是一支阳物崇拜之歌。喜剧《地母节妇女》中，男配角涅西罗科斯的身上就挂着一幅皮制的阳物，它颜色很鲜艳。涅西罗科斯乔装女人去参加妇女聚会，被妇女们发现，皮制的阳物显露出来，被她们推来推去。很显然，古希腊喜剧中的这种特制的、被夸大的阳具，在酒神祭祀中是主要的圣物。

这一点，在古希腊历史学家希罗多德的著作中能得到证明。希罗多德把埃及的大神俄西里斯也称着狄俄尼索斯，他写道：

"狄俄尼索斯的这个祭日的庆祝是几乎和希腊人的狄俄尼索斯的祭日完全相同的，所不同的只是埃及人没有伴以合唱的舞蹈。他们发明了另外一种东西来代替男性生殖器，这是大约一巨佩斯（1巨佩斯＝46.2厘米）高的人像。这个人像在小绳的操纵下可以活动，被妇女们带着到各村去转。这些人像的男性生殖器，和人像本身差不多大小，也会动。一个吹笛的人走在前面，妇女们在后面跟着，嘴里唱着狄俄尼索斯的赞美诗。"

这种对性器官的神化，反映出人类对自然和人类自身繁衍的认识。原始人把太阳看成是神的阳物生殖器，也是万物中最大的阳物，给予万物以生命。失去了太阳，也就失去了春天，失去了万物生殖之男根。因此，人们必须举行巫仪、施行巫术去寻找太阳，召回太阳。仪式中的游行，其原型就是人们结队去东方寻找太阳的历程。

这种追寻太阳，以男根崇拜为中心内容的巫仪，在印度的古老文明之中也曾经发生。

如古印度三位主神之一湿婆（Siva，又译悉法）就是一位生殖之神。由于他同时又是一位毁灭之神，因此，他曾被大神婆罗门割去了生殖器。他的生殖器被砍成了三十九块，其中一块分给了幽暗的地府。这分给地府的一块可能就是人们需要寻找的那一块——失落的男根。

因此，湿婆的祭祖仪式也如同狄俄尼索斯的祭祀仪式：

"悉法的神像，安在肩舆上，被扛着绕庙而行，同时善男信女们一手执着神像的灵根，另一只手则持着金铸的生殖器。祭司身披白袍，诚敬地扛着生殖器的象征之物，群众则匍匐其前。再前则有成群舞女，杂在乐队中间，随舆行进。……舞女们按照俄拉（一种乐器）和羯鼓的节奏，扭腰摇臀，且舞且进。婆罗门一直把所拿的银制大阳物，举向顶礼膜拜者，虔诚的信士，纷纷亲吻之，并以恒河的圣水向他浇洒。妇人们则以歇斯底里般的扭摆动作，搂抱那根伟器，疯狂地吻它，并献以鲜花。"

"在日本名古屋城，每年春天观音菩萨生日那天，都要举行盛大的游行。游行队伍中，男人们抬着巨大的男性生殖器，女人们捧着粗壮的阳物，唱着跳着欢呼着走上街头，去祈祷一个丰年的来临。"

"在喜马拉雅山麓的珞巴族，每年春天庆祝莫郎节。在巫师的带领下，参加节庆的人列队游遍各村，当路过田野时，青年们举着竹制的巨大的男性生殖器，边唱边跳生殖舞，欢庆春天的到来。"

为什么同样是游行，"跳马"中却不见雄伟的男根？仪式中也不见碎尸的神话呢？我认为，不是没有，而是已经失落。因为我们还可以从一些遗存中见到一些蛛丝马迹：

首先，不少湘西学者已经指出，土家族的"毛古斯"与"跳马"有一种依从的关系；或者说，"毛古斯"就是"跳马"中的一个有机部分。"毛古斯"的装束和"示雄"等表演，就是生动的男性生殖器舞蹈仪式，它主要展示的就是雄伟的男根。它所表现的功能与原始人观念中太阳的功能完全一致。

其次，土家族不是没有"碎尸"神话，而是我们缺少解读。在跳马中的巫歌——《梯玛神歌》中有一则开天辟地的神话，它讲述的是大神补所和雍尼兄妹俩婚后生下了一个怪胎："手、脚没有。嘴、脸没有，肉坨坨、血块块。死的吧？却在动。是人吗？人样子一点也没有。"山神、土地过来一看，都说，像牛肚子、羊肚子，煮着吃得了。女神依窝阿巴笑眯眯走来说："这是人种，吃不得。"说着就拿来刀，砍成了一百二十块，洒向了天地……在这里，神歌所描绘的"怪胎"，就是原始人眼中的太阳。它是"人种"，又是男性生殖器的隐喻。怪胎被砍成碎块，这就是一部完整的"碎尸"神话。

土家族的"碎尸"神话在《梯玛神歌》中的"洛蒙挫托"神话故事中也有体现。

综上所述，人们在丰产的仪式中要采取游行的程式，是因为它是源于原始人类寻找失去的太阳的祭祀仪程。游行的过程，就是寻找太阳的过程，同时，它又是迎接太阳和春天的礼仪。

（孙文辉，湖南省艺术研究所研究员）

关于保护继承太坪村非物质文化遗产"跳马"并开发建设成旅游景点村的思考

　　古阳镇太坪村（原名热溪）共有三个自然村寨，即大寨、小寨、舍塔，居住着 225 户 1000 人。昔日只有向、鲁二姓，都是土家族。向姓人少、鲁姓人多，二姓人都很团结。历史上鲁姓是从山东迁来的。传说西周初周天子加封周公长子鲁伯禽为鲁元公，居山东曲阜，传承至清道光年间，鲁仲连为第一代始祖，至今两千多年。曾有一位鲁裕公受命来湘征剿武陵蛮。其后代分别去了桃源、永顺、古丈等地。这些地方原都建有鲁姓祠堂。现已查找到同治八年（1869）编写的鲁姓前谱，存于岳麓书院。民国九年（1920），永顺、桃源两祠堂联合编写后谱，将班辈字派统一。古时迁来太坪村居住的是鲁传书的四个儿子，他们在此地开荒种地，饲养家畜家禽谋生活。该村以往每年春节举行"跳马"这一群众集体参与的文娱舞蹈活动，是为了庆祝五谷丰收，六畜兴旺，欢度佳节，其历史悠久，表现形式独特，在我省、州、县乃至全国独一无二，应作为非物质文化遗产保护、发扬、传承。

　　"跳马"是多人参与的群体舞蹈，举办此项活动可增进村民团结。其题材内容、表现形式是反映古时人类社会生产、生活及某些社会现象。"跳马"一开始是先敬神，求吉利，最后结束时审老爷，是控诉和反对古时社会的贪官污吏。此活动参与人数可多可少，场面可大可小。人数多、场面大、热闹，气势大、开支也大；人数少、场面小、不热闹，易组织可节约。它有一定的灵活性，一般可根据实际条件而定。整个"跳马"活动有如下表演。

引领队伍。由一名"梯玛"骑着马（最好是真马），头戴凤冠帽，身穿大红袍，手拿铜铃、司刀，另一人牵着马，走在最前面开道。

锣鼓点子队伍。打鼓，敲锣钹点子、吹大号、放鞭炮、烧香纸。人数、套数、鞭炮数、香纸数酌情而定。

马匹队伍。一般是十至十二匹，用木架等材料制作而成，还需要佩戴马铃铛挂在马颈上，行走蹦跳时响声齐鸣。

操旗队伍。一般由十至十二人组成，身穿古时土家族服装（绲边对胸衣），手拿古时龙凤旗，走在马队前面。

抬"大老爷"队伍。"大老爷"是篾纸扎制而成的，由扮演轿夫的二人抬着，四人扮演小鬼，手拿鞭子护卫。

稀可乐队伍。①扮演送春官的一至二人，手提竹篮，竹篮里放着春牛送春；②扮演小鬼的若干人走在队伍之中；③扮演玩鸟的二至六人手提鸟笼，嘴吹玩鸟口哨；④扮演农夫耕田犁地的一至二人，需扎制耕牛一至二头，农夫身穿蓑衣、头戴斗篷、手提犁，表演耕田犁地动作；⑤扮演捉鱼捞虾的八至十人，男女成对（需道具斗篷、竹篓、捞斗、钓鱼竿等，按人数备齐）；⑥扮演谈情说爱、唱山歌、吹木叶的人数多少酌情而定，男女成对为好；⑦扮演庆丰收打粑粑的二至四人，需制作配套粑槽粑槌（木制品），做粑人由专人扮演或从以上人员中抽出都可以。

贺马队伍。打九子鞭的，耍棍弄棒的，舞刀的，玩红缨枪的，背啄子火枪打猎的，玩龙灯、狮子灯的、人数不限。

共同组合调年（跳摆手舞）队伍。人数不限。

最后收场打杂队伍。审老爷、烧马架，送神灵。

关于各种队伍怎样表演，先后次序，具体动作，这里不作详细论述。表演场地选择应是宽广的土地坪。

太坪村是人杰地灵的小山村，不仅有上述古时非物质文化遗产，还有许多景点，经规划可打造成山村旅游项目。其有如下的条件。

有许多秀丽的自然景点。村子后山叫狮子脑壳山，有可容纳百人以上的一个大岩洞，洞内有许多奇形怪状的石柱，如像狮子眼睛形状的。有向家鲁家两口水井，井水清凉可口，被称之为"仙水"，周围村寨少有。有像从狮子口内伸出的舌头一样的土地坪。后山有像铁索一样的古藤捆绑着悬岩，掉在岩坎上的奇观。有古人放马晒日的"马日堡"，操练习武的"武当山"。还有引来百鸟争留的"歇凤巢"。

交通非常便利。省道1828穿村而过，即将要修的高速公路已测定从村前过。如果再修一条景点旅游路，一路经过歇凤巢、天桥山、跌马洞、龙鼻咀，将是一条很好的景点旅游路线。

有即将要形成的大水面。现古阳河大坝，已开工修建，坝高四十五米，总库容九百一十五万立方米。建成蓄水后水位到村前，可形成宽广的湖面，可建一些游船景点。再加上满山遍野的茶园和古丈毛尖茶厂，会是一个集钓鱼、品茶、购茶、休闲、度假的好地方。

太坪这个小山村，从古至今风流人物较多，他们为国为民做过贡献。根据现有条件，把非物质文化遗产保护继承好，搞好旅游业开发，增加村民收入，这对前辈们是一种安慰，对现还在工作岗位人员也是一种鼓励。初步统计该村古时名人有鲁大人、辉老爷，解放前名人有琴先生、珍先生，解放前后参加革命的离休干部一人、县处级干部三人。正副科局级干部十二人，抗美援朝老兵三人，人民教师六人，有名中医一人，民间有名山歌手二人，小企业家一人，现在校研究生三人，读高等院校的十一人。思前辈情，为后人好，办好上述两件实事也是应该的。只要村积极组织安排，具体工作到位，古阳镇政府和县委、县政府关心重视，县委宣传部门、县文化局、旅游局、财政局等有关单位在各方面给予有力支持，帮助解决经费等各种困难，此两项事业一定能办好。

（鲁选金，古丈县人民政府副处级退休干部）

参考文献

［1］董鸿勋. 古丈坪厅志［M］. 铅印本. 1907（清光绪三十三年）.

［2］石启贵. 湘西苗族实地调查报告［M］. 长沙：湖南人民出版社，2008.

［3］彭继宽. 湖南土家族社会历史调查资料精选［M］. 长沙：岳麓书社，2002.

［4］彭司礼，田仁利. 湘西州土家族辞典［M］. 长沙：湖南人民出版社，2015.

［5］马立本. 湘西文化大辞典［M］. 长沙：岳麓书社，2000.

［6］彭继宽，姚纪彭. 土家族文学史［M］. 长沙：湖南文艺出版社，1989.

［7］罗经畲，胡兴仁. 保靖志稿辑要［M］. 1869（清同治八年）.

［8］王逸. 楚辞章句［M］. 上海：上海古籍出版社，2017.

［9］姜亮夫. 楚辞今泽讲录［M］. 昆明：云南人民出版社，1999.

［10］彭荣德. 土家族跳马节［J］. 民俗，1990（2）.

［11］张子伟. 跳马——土家族远古习俗的遗韵［J］. 民族论坛，2003（8）.

［12］湘西州州委宣传部. 湘西读本［M］. 长沙：湖南人民出版社，2011.

［13］伍秉纯. 湖南省古丈县民间文学三套集成［J］. 1990.

［14］田仁利. 湘西土家族苗族自治州土家族古籍总目提要［M］. 北京：中央民族大学出版社，2009.

［15］国家民委全国少数民族古籍整理研究室. 中国少数民族古籍总目提要·土家族卷［M］. 北京：中国大百科全书出版社，2010.

［16］田仁利. 湘西土家族苗族自治州金石通纂［M］. 长沙：湖南人民出版社，2015.

［17］彭勃. 永顺土家族［J］. 土家学刊，1992.

［18］彭勃，彭继宽. 摆手歌［M］. 长沙：岳麓书社，1988.

［19］张子伟. 湘西傩文化之谜［M］. 长沙：湖南师范大学出版社，1991.

［20］刘黎光. 湘西民俗文化［M］. 北京：中央民族学院出版社，1993.

［21］艾红玲. 古代祔祭流变考［J］. 社会科学论坛学术研究卷，2009（3）.

［22］田荆贵. 中国土家族习俗［M］. 北京：中国文史出版社，1990.

［23］叶德政. 关于摆手舞几个问题［J］. 土家学刊，1997（3）.

［24］孙文辉. 巫傩之祭——文化人类的中国文本［M］. 长沙：岳麓书社，2006.

后 记

　　少数民族古籍是少数民族先辈用生命和智慧谱写的历史，是少数民族文化遗产的总汇，蕴含着少数民族特有的精神价值、思维方式和想象力、创造力，在长期的传播交流过程中，发挥了经世致用的社会功能。少数民族古籍不仅是中华民族的精神财富，也是世界的精神财富。根据湘西州民宗委办公室关于印发湘西州《"十三五"民族古籍工作规划》和《民族古籍丛书编纂工作方案》的通知精神，在中共古丈县委、古丈县人民政府的领导下，古丈县民宗旅文广新局组织有关人员历时三年时间，对《古丈跳马》进行广泛的搜集、整理和编纂。尔后，在中共古丈县委统战部的主持下，对该书进行仔细审核、补充、完善，终于将其付梓发行。在编写此书的过程中，州民宗局田仁利、麻美垠为该书的编目和正文内容提出宝贵的修改意见；县档案局、县统计局、县图书馆为我们提供大量翔实的资料；古阳镇太坪村"古丈县跳马协会"和广大村民，为我们提供了大量口头资料及活动表演全过程；州内外民俗研究专家学者彭荣德、张之伟、陈奥琳、陈廷亮、孙文辉、李琳筠、鲁选金、向光福等为我们献出各自的调查和论述；摄影爱好者向发旺、徐龙、张时红、石柯君、田志信、伍玉弦、龙慧敏、向光富等人，为我们提供大量珍贵照片；还有，百度等网络平台，为我们拓宽视野，解决了许多难题。在此，对上述单位、媒体和个人的鼎力相助表示衷心的感谢！

　　由于土家族跳马活动历史资料欠缺，尽管大力搜集和抢救，然遗漏之处甚多，敬请广大读者不吝赐教，提出宝贵意见。

编 者

2019 年 7 月